讓任何人都聽你的高效說服力

職場表達培訓專家
宋曉陽——著

掌握從聽到說的33條職場溝通守則，巧妙取得對話主導權

目錄

PART 2

自我表達力——只要15秒，讓每句話都一說就中

PART 3
資訊識讀力
——懂得傾聽，降低溝通難度

PART 4

即興說話力——掌握關鍵時刻，告別緊張和恐懼

前言

二〇一九年四月二十四日早上五點四十三分，我發了一篇動態：

敲下最後一個字，意味著「結束」！

我在喜馬拉雅上的知識付費課程《如何成為職場表達高手》更新完了。這一天我等了很久，因為對我來說，是在非常繁忙的日常工作中，給自己增加了一個重量級工作。

感謝喜馬拉雅團隊，辛苦小編張甜、黃晴雪，沒有你們兩位的支持，這門課無法完成。

感謝我諸多朋友的大力支持。感謝我的學生王帥天的辛苦付出。我們江湖再見！

時隔一年多，我們又見面了。這次見面，我帶來了這本《讓任何人都聽你的高效說服力》，方便你隨時隨地學習參考。

如何將播音專業教學中總結的經驗、方法運用到社會中，是我最近幾年一直思考的問題。其中，我最關注的領域是「職場表達」——再精準一點來說，就是職場的功能性表達。

記得二〇一八年十二月，課程在喜馬拉雅上線一個月左右，我收到一位學員的私訊說，想接受面對面的指導。她是一位剛剛生完孩子、重新投入職場的媽媽，她經驗豐富、業務紮實，就是語言表達能力不夠好。為了迎接即將到來的年度成果報告會，她在我面前把自己準備的成果報告演示了一遍。結束後，我給她打了五十分。

因為她的簡報排版毫無新意，工作內容猶如流水帳，缺少感染力的表達更令人昏昏欲睡。於是，我開始跟她聊工作、聊公司、聊心路歷程，最後，我將她的講稿全部推翻，重新撰寫。接下來，一頁頁的修改她的簡報，並讓她按照我的要求一遍遍地演練。

年度報告那天晚上，我收到了她的私訊，兩個字：「成了。」

隨著課程的上線，我的職場表達課走進了蘋果、字節跳動（今日頭條）、36氪、中

國城市規劃設計研究院等全球知名企業、網路公司與機構。我的「虎門」師資隊伍則為提升職場人的語言表達能力，提供了專業的支持

望眼競爭日益激烈的職場，越來越多的人意識到「會說話」的重要性。部門開會說想法、公司內部做彙報、產業峰會做演講，「能說會道」、「健談善談」儼然已是職場人的必備「武功」。想要武功蓋世，招式重要，心法更重要。我的職場表達課在經過多年的紮實教學檢驗後，會將最實用、有效的方法呈現給你。

打開這本書，你將開啟職場語言表達能力提升之旅。學習過程中，方法重要，練習很重要，反覆打磨、不怕丟面子的心態更重要。在群組裡我經常看到的提問是：「宋老師，一旦在公眾場合說話我就緊張，怎麼練習才不會緊張呢？」每當遇到這樣的問題，我都會說，日常生活中，一般人在眾人面前說話的機會較少，想要提高表達能力，只有抓住每一個在眾人面前表達的機會，不怕丟臉，才是提升表達能力的最佳途徑。

語言學習的過程是：理論學習、反覆練習、內容覆盤。只有經歷這三個階段，才能在學習中融會貫通。

準備好筆、紙還有手機，邊讀邊練，你也能成為職場表達高手！

PART 1

公開演講力

建立內在邏輯，教你瞬間掌控全場

01

學會「快接慢說」，不再害怕臨時被點名

一聽到「即興發言」這四個字，你可能立刻就會感覺緊張。其實不光是普通的職場人，就連那些以說話為生的主持人在錄製節目的時候，如果聽到導播讓他們即興發揮一兩分鐘，他們也同樣會心驚肉跳。

很多人對於即興發言都有一個誤解，覺得首要問題是「克服緊張」。但實際上，你之所以會緊張，是因為你對於講話的場合和講話的內容，沒有做好事先的預測和準備。

所以，掌握一套應對不同即興場景的方法和快速組織語言的思考模式，才是解決緊張問題的關鍵。

下面為你介紹即興發言的一個核心方法和兩個輔助性策略，學會後，你就能在任何場合做好即興發言的準備了。

首先我們來說核心方法，總結下來就是六個字：**快張嘴，慢說話**。什麼叫作快張嘴、慢說話？我用最常見的一個職場場景舉例：

小張來公司沒多久，被叫去參加公司新產品的研討會。在討論產品的市場行銷策略的時候，在場多位有經驗的同事都提了一些專業意見，這時候，老闆突然點到小張的名字，讓他也來說說自己的想法。

小張有點意外，於是他趕忙抬起頭仔仔細細地看大螢幕上的PPT，腦袋裡快速搜索剛才的各種關鍵資訊，然後下意識地邊想邊說：「嗯，這個……我覺得……」

到這裡，就是我們今天要講的第一個重點。我平時上課的時候發現，很多人在被叫到即興發言的時候，他們的注意力立刻全都放在了怎麼回答問題上。

我非常理解大家想立刻說出一些具體、實質性的內容。但是你要知道，即興表達一個非常大的忌諱就是冷場。所以我教給你的第一招，叫作「快張嘴」，也就是想辦法把話題快速接下來。這樣做其實只有一個目的，就是證明你反應快。

也就是說，你不需要一張嘴就直接回答對方的提問。你可以說說跟主題相關或更簡單一點的內容。比如你最近看到的相關行業新聞，或者是聯想到發生在自己或朋友身上的事，總之，你用一個相關內容就把對方拋過來的話題接住了，這樣場子就不會冷掉。

你可能會問，如果一時間什麼都想不到，怎麼辦？那你記住三個字：「獲得感」，也就是講述你從剛才聽到的內容中學到了什麼。我們重新回到剛才的場景，如果小張這麼說，效果會好很多：

「今天我是第一次坐在這裡聽各位前輩講產品行銷策略，我在這方面是小白，真是收穫良多。剛才那些行銷方案，讓我想起自己在超市買東西的時候常常『中招』，原來這背後有這麼多安排。」

注意到了嗎？剛才的第一句話可以立刻張嘴說出來。事實上，他並沒有回答老闆的問題，小張把他的個人立場帶到了產品行銷這個話題中，聽眾一點都不會覺得突兀，又顯得小張反應非常快。這部分不用多說，三、四句話就夠了。

介紹完「快張嘴」的方法，接下來我們說說第二招：「慢說話」。所謂的「慢」，不是指慢吞吞地說話，而是指要有條理地把你的核心觀點說出來。大家都知道，職場表達的第二個禁忌就是發言沒有重點、跑題。所以，如果你想讓自己的發言條理清晰，要記住兩個關鍵字，一是時間框架法，二是結構法。

時間框架法和結構法：讓發言更有邏輯

首先說時間框架法。實際上，它的目的就是對發言時間進行規劃、設計，幫助你在限定時間內說出具有一定含金量的話。大家平時看到的美國總統演講或名人的公開演講，全都需要用時間來劃分內容。可以這麼說，任何沒有時間劃分的即興發言，都難以做到條理清晰。

這個框架要怎麼建立起來？最實用的方法就是「總分總結構」。

舉個例子，如果你想要做一個三分鐘的即興發言，那就要有意識地把這一八〇秒劃分成三段，開頭二十秒，結尾十秒，中間核心主體一五〇秒。

開頭和結尾都相對簡單，中間的核心主體部分是最難的。你可能會問，有什麼方法能幫我在短時間內輸出核心觀點嗎？這裡就要涉及慢說話的第二個工具了，也就是「結構法」。

任何事與物，都可以把它的基本屬性按照一定結構來拆分。比如說，每幅畫都有它的色彩、風格、背景年代等；每個產品都有它的價格、品質、功能和設計等。

回到例子，假如老闆要小張對新產品的行銷策略發表看法，那他就可以先在腦子裡迅速拆分一下關於行銷的幾個基本面，比如價格、品質、廣告文宣，然後展開他的核心觀點：

「第一，從價格上看，我覺得這個方案很吸引人。和其他產品相比，的確有非常大的競爭力。第二，從品質上看，提一點小建議，我們的產品本身品相非常好，需要讓更多的消費者都瞭解這一點，所以我建議在促銷的時候送一些試用包。第三，從廣告文宣上看，我覺得現在的文案非常棒。從消費者的角度來說，我已經被打動了。」

這三點說完，基本上已經清晰又有條理的表達了你的核心觀點，再加上開頭和結尾總結的一兩句話，可說是完成了一次合格的即興發言。

到這裡，我們詳細地介紹了即興表達的核心方法：快張嘴、慢說話。總結一下，「快張嘴」就是要立刻接住話題。用什麼接話題呢？用「獲得感」來接話題，也就是表達自己學習到的事。緊接著是「慢說話」。對於慢說話，我們需要用到時間框架法和結構法，經過構思再說出口，慢慢來，不能心急。

外腦支持：與在場其他人互動

接下來我們說說即興發言的兩個輔助性策略，第一個就是「外腦支持」。即興發言雖然通常是一個人來完成，但是也沒有規定說不能請人幫忙，是吧？所謂的「外腦支持」，就是指你講話的時候可以通過跟在場的人互動，來建造一個共同交流的場景。

那找誰來幫忙最合適呢？支持者可以是你的同事，也可以是你的老闆。老闆不是把你叫起來回答問題嗎？你也可以把問題再拋給老闆。

其實這一招，在主持節目的時候是非常有效的。我曾經看過馬東主持的一檔綜藝節目，那期的主題是「身處鄙視鏈，被指『油膩中年』怎麼辦？」當時的情況是嘉賓們在舞臺上說得熱鬧，可是現場是年輕大學生居多，對於「油膩中年」這個主題的感觸不多，所以就有點冷場。馬東為了把現場的氣氛吵起來，他臨時起意，把麥克風對準了現場的觀眾，正好有幾個觀眾發言特別有趣，整個現場一下子就吵熱起來了。

同樣的道理，在職場上類似的場合，你也可以利用別人來支撐你的發言。除非是在特別正式嚴肅的場合，或者當你跟其他人的地位差別很大時，請謹慎使用這個技巧，否則千萬別讓自己一個人孤單單地待在臺上。

點題式收尾：強化核心觀點

第二個輔助型策略，就是「點題式收尾」。大家都知道，「行百里者半九十」，一次成功的即興發言，同樣需要一個畫龍點睛的結尾。你可能會說，把核心內容表達完整已經很不容易了，哪還有餘力畫龍點睛呢？這裡面有一個錯誤的認知，那就是很多人都認為說過的話不用再說第二遍，但這個想法是大錯特錯。

重要的內容是需要重複表達的，目的是要讓人們記住。觀點要短而有力，只挑關鍵資訊，字數控制在十五個字以內是最合適的長度。這裡再教給你一個能為自己加分的小動作，就是「熱情的眼神」。在做最後的陳述時，你說話要稍微慢一點，聲音要大一點，同時用一個篤定、自信的眼神和在場的人逐一進行交流，要讓在場的每一個人都感覺到被你關注，被你的熱情所感染。

總結重點

遇到需要即興發言的場合，記住六個字：「快張嘴、慢說話」。在慢說話時，用「時間框架法」和「總分總結構法」準備核心內容。如果覺得發言不夠充分的話，可以借助「外腦支持」，向在場的人拋問題，最後，無論發言長短，都要記得「點題式收尾」，強化一下你的核心觀點。

02 隱性邏輯，讓你的表達無懈可擊

「隱性邏輯」是一個看不見、摸不著且隱藏在語言表達當中，與說話息息相關的思維模式。學會使用隱性邏輯，你就多了一個說話表達的新通道。

先來說說什麼是隱性邏輯。具體地說，建築物是顯性邏輯，建築平面圖就是隱性邏輯。隱性邏輯是我們長期以來的慣性思維模式，這些思維模式左右著我們的認知、判斷以及表達。作為思考、推理、觀點最主要的外化方式——說話與表達，無時不刻都受到隱性邏輯的影響。

邏輯、語法、修辭是語言表達形成的三個基本面。從排序上，你會發現邏輯排在第一位。邏輯是把我們思考問題的推理過程運用有聲語言外化出來。邏輯的軌跡通過語言被我們發現了，這是顯性邏輯。可是，想要看到將建築物呈現出來的平面圖，就需要一些方法了。因為平面圖是隱性邏輯，不容易被發現，也不容易被掌握。

二〇一八年，義大利品牌 D&G（Dolce & Gabbana）辱華的言論引起公憤，顯性邏輯是那位設計師不顧後果地大放厥詞，但真正導致這一後果的是他的隱性邏輯。在他的思維模式和價值觀中，他不尊重中國，所以才會在社群媒體上說出那麼多的不當言論。

回過頭來，我們需要運用好隱性邏輯，在職場表達中，不要因為使用不當給自己造成麻煩。下面來說一下將隱性邏輯運用在觀點、案例、結論的方法。

觀點的隱性邏輯

第一個方法是大聲說出你的觀點，不要掉入偏見的深坑。觀點的表達，也是意見和看法的表達。在準備公開談話時，把你的觀點一條一條的寫下來，反反覆覆地大聲讀出來。這時候，不僅可以練習發聲，將你的音量從日常的說話音量調整成大場合表達需要的音量，更重要的是，大聲朗讀能讓你的注意力高度集中在你的觀點上，讓自己在短時間內可以適應這樣的說話音量。

在你大聲朗讀的時候，你需要做一些這樣的自我提問：

- 我的觀點是否冒犯了作為社會人的底線？
- 我的觀點是否存在性別、地域、宗教上的歧視？
- 我的觀點是否缺少事實依據，成為無端的猜測？
- 我的觀點中所使用的詞語，在聽覺上是否會引發誤會？

這些前期準備工作，可以讓你有機會去反覆揣摩自己的觀點在立意、語法以及修辭上是否存在問題。

大腦一旦形成某個觀點，就會運用所有的資訊來支援這個觀點。你也會不斷地自我暗示，證明這個觀點的正確性，並自動過濾掉那些質疑觀點的說法。現在是一個追求觀點突出的時代，公開場合的表達、新穎的觀點表述往往會為主講人帶來存在感和成就感。為了防止觀點變成「地雷」，我們需要完成這一步。

案例的隱性邏輯

第二個方法是運用隱性邏輯檢測案例的明線與暗線。任何場合下的表達，我們為了證明自己的觀點都會使用一些案例，而選取案例的標準有三種：必須說的資訊、利用價值50%的資訊、可說可不說的訊息。

案例選好了，接下來怎麼表達呢？任何案例都會有兩條線，即明線和暗線，而判斷這兩條線是否安全的恰恰是「隱性邏輯」。

在這裡我舉一個例子。你在做年終總結的時候，談到自己所在的團隊是一支能打硬仗、團結互助的隊伍。為了證明這個觀點，你需要列舉案例。如何去講述這個案例，就需要注意隱性邏輯了。

「……比如說，小白這個年輕人特別優秀。就在剛剛結束的一個案子中，他再一次救了整個團隊。在提案給客戶前一小時，負責人小張沒有退出隨身碟，而是直接拔出隨身碟，換到另外一臺電腦上後發現檔案不見了。就在這時，『救火員』小白出現了，不到五分鐘時間就幫團隊找回了檔案。」

你看，原來的意圖是想表達小白幫了大忙，你的暗線意圖是團隊遇到突發情況時，可以快速解決問題。但你卻暴露了一個負面資訊：小張日常的工作習慣不好，不懂得正確保存檔案。

是什麼原因導致你在舉這個案例的時候，沒有全盤考慮到位呢？答案是你的隱性邏輯能力。對於案例的明線和暗線，你只考慮到一個角度。如何在選取案例說明問題上，透過隱性邏輯幫助自己呢？

首先，從人物關係、職位權責中檢測明線和暗線，先在人物關係圖中走一遍，利益相關方在整個事例當中，是否存在對抗關係。因為在職場中，人與人之間的關係是職位不同的關係。一旦出現人物關係緊張的局面，就會反映在職位衝突上。

其次，在工作場景中檢測你所列舉的案例是對外合作還是對內溝通；是交代整個場景，事無巨細地全部闡述，還是迴避某個危險地帶，在安全範圍內盡情表達。這都考驗說話者的智慧。比如在上面這個案例中，應該把小張造成的嚴重後果細細講述，還是著重在小白沉穩處理突發情況這一點？顯然是後者。按照上面這樣層層檢測下來，你選擇的案例就能在表達時發揮出你所希望的效果了。

如果你對某個案例的使用沒有確切的把握，你可以找朋友、同事幫你聽聽看。把案例說完後，只需要問對方一個問題：「聽完我說的這件事，你有什麼新發現嗎？」使用「發現」這個引導詞，就是為了讓聽者越過表面的內容，說出自己觀察到的資訊。

結尾的隱性邏輯

還有一點需要注意的是，在最後收尾時，把隱性邏輯顯性的表達出來。任何形式和內容的表達，在收尾時通常都是為了昇華某種意義，或者是為了重申某個觀點。因為只有在講話的最後，說話者可以利用「借題發揮」的方式達到自己最開始的目的。

我們還以上面那家公司的年終總結為例。作為團隊的總負責人，你報告了本年度部門負責的專案、拿到的幾個大案子以及哪幾位下屬表現優異等，除此之外，你還有一個私心，想利用這一年僅有一次的機會，在整個發言的最後為自己爭得一些「利益」。

這樣的發言機會是極少的。年會，一年只有一次。俗話說，「過了這個村，就沒那個店。」所以，在昇華意義的同時，在這樣的公開場合下，要敢於表達自己的訴求。一般來說，老闆很少考慮下屬需要什麼，老闆主要的重點是他自己需要什麼，所以很多機會是需要我們自己張嘴說出來的。

今年你可以完成KPI的考核，如果老闆覺得給你工作加量也很正常，你如何爭取機會為自己發聲呢？什麼時候說出來最好呢？顯然，公開講話結尾的時候是最容易讓人印象深刻的，所以必須利用這點。

你可以這樣說：

「之前的二十分鐘說了大家，最後一分鐘留給我自己。我來公司七年了，過了所謂的『七年之癢』，可我還是在踏實地戰鬥。我在為公司創造價值之時，也是體現我個人價值的時候，而我的價值不僅僅是薪水，還有對於公司決策的回饋。所以，明年在制定新戰略的時候，希望公司也能夠聽取我的意見。」

總結重點

日常工作中需要公開講話時，在「觀點、事例和結論」三個關鍵點上，隱性邏輯的作用至關重要。首先，你可以大聲說出你的觀點，不要掉入偏見的深坑。其次，運用隱性邏輯檢測案例的明線與暗線，別在「舉例」這個加分環節上失分了。最後，在結尾的時候，讓隱性邏輯閃亮登場吧，此刻不「借題發揮」就再也沒有機會了。

03 好的演講必須具備結構意識

在任何場合、任何人說話都想把話說清楚，都想讓聽眾聽明白，這就需要表達者具有「結構意識」，而且表達的內容需要有結構。我在教學生的時候，有一個理論想跟大家分享：只要是說話，就要有時間限制，也就是「限時表達」。只要有時間限制，就要有結構意識，而只要有結構意識，就必須講究排兵佈陣。

下面我就來教大家公開講話的時候可以用到的結構方法，把排兵佈陣落實到講話中去，讓你能夠有條理、有目的地說話。這些方法能讓你具備結構意識，使你說話時懂得排兵佈陣。

如何講開場白？

我們先來講第一個，開場白入題，切記不能晚。透過這麼多年的教學工作，我發現最普遍的問題是說話者的開場白過長，切入正題的太晚了。

很多人認為開始的時候，無論如何也得鋪陳一下吧，否則別人都不知道你講的是什麼。講話確實是需要鋪陳的，但是一場五分鐘的發言，你鋪陳了兩分鐘；一場二十分鐘的發言，你鋪陳了五分鐘，菜都涼啦！那麼，如何切入正題才合適呢？

最好的方法其實就是從時間上來進行限制，也就是時間控制法。比如說，五分鐘的談話，開場三十秒就需要進入正題了；二十分鐘的演講，鋪陳兩分鐘就已經夠長了。

文稿寫好之後，自己先念一遍，用手機錄下來。錄下來只有一個目的——看時長，就是看整個文稿你大概需要多長時間講完。看看你的開頭用了多長時間。這個方法可以有效地幫助你掌握自己的開場白時間。

如何安排主體內容？

說完了開場白，如何掌握主體的結構，對很多人來說有些無從下手。這「兵」怎麼佈置，這「局」如何來管控呢？

在公開講話當中，各個部分內容之間的結構關係，屬於比較複雜的因果關係了。在這裡，為大家介紹三種主體內容可用的結構方法。

◆時間順序法

按照時間的順序來佈局主體內容，這是實現起來最容易的方法。比如說我們做專案、見客戶，任何工作其實都可以用一張A4紙來做一個時間的排序。選取最具有重要時間點性質的三、四個時間，你的主體內容的結構其實就已經出來了。

舉個例子，某個專案中有三個時間點最為關鍵：十二月一日，這是專案起始的日子；三月十二日，這是期中報告的日子；六月二十日，這是結案的日子。

大家發現了嗎？透過十二月一日、三月十二日和六月二十日這三個時間點來說明一些事情，這三個時間就是你在推進整個專案過程中的「重要時間點」。在那麼多的繁雜項目裡，你挑出來具有轉折性質的一些時間點，這麼一看是不是結構上非常清楚？

其實使用起來最簡單的就是時間順序法。你是否注意到，在時間的後面還分別加了一句話「……這是專案起始的日子；……這是期中報告的日子；……這是結案的日子。」，使時間點起到了定調的作用。

這三句話在時間順序法的基礎之上巧妙地使用了什麼呢？答案是衡量定性法。

◆衡量定性法

衡量定性法主要是把自己所要闡述的事情或者問題，做一種相對形象生動又比較嚴謹的表述。從句子結構上來說，最好採用相同的句式表達，聽起來會比較有力量，更重要的是，可以讓觀眾更容易理解你的意思。

美國總統川普（Donald Trump）在競選的時候，曾帶上自己的兒子艾瑞克（Eric

Trump）和女兒伊凡卡（Ivanka Trump）一起演講。他的兒子艾瑞克在演講中極具張力，肢體語言非常豐富，同時他演講的內容也是氣勢逼人。在他的演講進行到中途時，他曾一口氣連說了五個「我不能忍受」來痛訴當時美國社會的種種弊端，這五個「我不能忍受」，從聽覺上就能感受到它的力量感有多強。

這麼來看，衡量定性法其實就是通過重複的句式，把自己所要表達的內容進行形象生動的表達，在聽覺上為觀眾製造明晰的存在感和結構感。

說完了時間的順序法和衡量定性法，再介紹一個我在教學當中經常讓學生使用，而且比較靈光的方法。

◆先抑後揚法

很多人在演講時都更愛用這個方法，因為它的戲劇性效果會更好。學生用過這個方法之後，對於稿件的結構意識，特別是排兵佈陣的感觸格外深刻。

「先抑後揚法」是怎樣的方法呢？簡單來說，就是前面悲慘、後面喜悅，採用先哭後笑的一個佈局策略。先抑後揚法其實就是利用了反轉，使得語言表達出現一個戲劇性的轉折，這種效果是通過結構設計來達到的。

與剛才的時間順序法和衡量定性法截然不同的是，先抑後揚法分為兩大部分，一部分是用來不斷地製造悲慘情緒，而另一塊就是來製造喜悅情緒。

要想製造悲慘的情緒，正確的方法就是選擇一個痛苦的案例。這個案例傳遞的不僅僅是資訊，更重要的是態度與情緒。一條條資訊、一個個案例排列在一起，只有一個目的，就是一層一層地製造悲慘的情緒。

這幾個資訊也好、案例也罷，它們之間可不是並列關係，它們之間一定是層層遞進的關係。我的學生冉高鳴在參加選秀節目《我是演說家》的時候，他有一場演講很典型，叫〈減出精彩〉，使用了「先抑後揚」這樣的結構策略。

在前邊的「抑」部分，他說，作為播音系的學生，體重一二〇公斤實在是嚇死人了。在整個演講的前半部分，他把自己作為胖子的日常生活講述得非常生動有趣，比如說他胖得幾乎邁不開腿、看不見腳尖，於是他開始節食，後來他又講自己節食的困難、運動的艱難等。前面這種悲慘的生活，讓你在嬉笑怒　之間感覺到他實在是好悲催。

後面「揚」的部分就是他的減肥部分。他把整個減肥的過程描述得非常詳細。當然，從壓抑到昂揚，需要一個轉捩點。冉高鳴只用了一句話當轉捩點，從這開始，他整個演講從之前的「放很開」狀態開始進入到深層次的表達當中去了。其實，任何「先抑後揚」的演講或者是公開講話，都需要一個暫停鍵。這個暫停鍵就像「分隔線」，它的目的是轉換一下情緒，意味著劇情開始反轉，前面說的含有「悲慘情緒」的內容，在後面就要變成含有「喜悅情緒」的內容了。

事實上，不是所有的表達在後半段都是「喜悅情緒」，有時候也可以是「深刻的思考」。像上面舉的冉高鳴的例子，他演講的後半段其實就是他的一些深刻思考。他從自己減肥成功這件事情當中，把關於自律的思考一層一層地揭示出來，這就是他想要跟大家分享的主要內容。我們可以很清楚地看到他的敘述結構：前面講的是趣事，後面講的是深刻的思考。前面「抑」的是他悲慘的減肥生活，後面「揚」的是他深刻的社會分享價值。

我們來總結一下構建主體內容的三種方法，即時間順序法、衡量定性法和先抑後揚法。我們在平時講話的時候，可以有意識地運用這些方法，這樣就能一點一點地形成結構意識，將話語邏輯清晰地表達出來。

好結尾讓表達更完美

當然，所有漂亮的表達都要有一個好的結尾，這是至關重要的。任何表達最忌諱的就是沒有結尾。我們在寫稿子時通常不會忘記寫結尾，但是在說話時經常會忘記將結尾好好表達出來。所以，在說話時，一定要讓聽眾從聽覺上感覺到「結尾」這個結構。

繼續以冉高鳴的這篇演講為例，如果他的結尾是這麼說的：「今天我已經擺脫掉了肥胖的軀殼，減掉了四十多公斤，我收緊的不僅僅是我的『三圍』，更是我曾經失控的心。」你是不是會覺得這句話好像少了什麼、沒有表達完整？那真正有結尾的表達應該是什麼樣的呢？我們再來看下面這句：

「我收緊的不僅僅是我的『三圍』，還有我那曾經失控的心。我也懂得只有自律才能控制體重，擁有自律才能控制人生。」

在結尾時一定要做到邏輯清楚、表達完整，好的結尾才能讓結構更完美。

在說話和表達時，我們一定要樹立結構意識，也就是排兵佈陣的意識。我在指導學生做演講的時候，最重要的授課內容之一就是培養學生的結構意識。有了結構意識，學生們就可以檢查自己的表達內容了。

總結重點

在開場白部分，可以用「時間順序法」，用字數來控制時間。中間的主體部分可以用以下三種方法：「時間順序法、衡量定性法和先抑後揚法」。時間順序法的要點是要挑選有時間點意義的重要內容；衡量定性法的要點就是在句式上做文章；而先抑後揚法主要是兩大塊，每一塊都要用資訊把情緒做足。最後，結尾要說好，表達出結尾感。

04

聽好才能說好，用TQLR高效提升聆聽力

職場中有說就有聽，聽、說不分家。一個表達能力強的人，在聽這方面的能力通常來說也差不了。開會的時候即興發言，把之前發言過的同事的內容做一個小總結，然後再加入自己的意見，是最聰明的做法。

事實上，對於職場表達，說只是能力的部分展現，想要說得好，「聽」更為重要。特別是在我們播音專業中有這麼一句話，主持人最重要的能力不僅僅是提問，更重要的

是傾聽，所以也有人專門研究傾聽的藝術。

那麼，播音專業中跟傾聽有關係的內容，如何用在職場上呢？下面我就來和大家說說資訊預判的三個原則和四個步驟，讓你還沒開口，就已經底氣十足了。

資訊預判是指我們在與他人進行溝通和交流的時候，基於對方已經表述出來的內容，對說話人接下來將要表達的內容做出事前的判斷和預測。資訊預判的目的，就是為了提高聽者獲取資訊的品質，使得我們在職場上的溝通更加高效。

溝通注意力三原則

資訊預判之前，也就是說話和聽人表達之前，以下三個原則必須遵守：第一，注意力回歸；第二，注意力集中；第三，注意力持久。

你會發現這三個原則都跟注意力有關。為什麼呢？現在是一個注意力碎片化的時代，我們經常會發現，自己無論做什麼事，效率都比十年前低多了。寫文案的時候，一不注意就會拿起手機看 Line、Instagram，神不知鬼不覺地就去逛蝦皮了，相信這樣的經驗大家都遇到過。

所以說，注意力的回歸、集中和持久是聆聽之前最需要解決的問題，也是最重要的一個前提。可以這麼說，注意力不集中，聽了也白聽。

TQLR聽辨法

那麼，資訊預判需要哪些步驟呢？這些步驟對於獲取資訊到底有哪些好處呢？我們在此借鑑訓練記者、主持人的方法，幫助你準確高效地來聽辨資訊的關鍵。

加拿大科學家總結出一種聽辨的科學方法，就是TQLR法，包含Tune In（調頻）、Question（提問）、Listen（聆聽）、Review（複現）。

◆第一步：調頻

關於調頻，你需要注意兩件事：一個是注意力，一個是知識儲備。就像看電視的時候切換頻道一樣，我們從華視切換到BBC，調頻注意力也是如此，你需要把注意力從你之前正在做的那件事，轉向此時此刻正坐在你面前這位張嘴說話的人身上。

調完注意力還不夠，你還需要把自己大腦裡儲存的那些知識調出來，將面前這個人對你講的這些事情有關的知識、經歷都喚醒，讓大腦思考的內容從之前的事情迅速切換到對方和你講話的這件事上來。

比如，公司即將推出新年大禮包，需要提一個策劃案，對方正在就此事和你展開討論，那麼此時，關於新年宣傳推廣的亮點、大禮包的賣點、文案等，這些與之關聯的記憶就需要在你的腦海裡被喚醒。其實，資訊預判更多的是關於聆聽者自我意識的控制與掌握，聆聽者想要獲取更多對方有效的資訊，自己必須先處於自驅狀態。調頻相當於冬天開車出門前，先把車預熱一下。

◆第二步：提問

這個提問可不是你去跟對方張嘴提問題，而是在心裡問自己。這是一個沉默的自問過程。

當你開始聽對方說第一句話的時候，你就要開啟自問模式了。繼續以上面的新年大禮包為例，他為什麼選擇十二月二十八日開始宣傳推廣？這個大禮包的內容為什麼這麼搭配？從未請過藝人做新年的宣傳活動，這次為什麼要請呢？

以前你在與人溝通的時候，沒有做任何準備工作，大腦和神經是處於休眠狀態。這時你在聽別人說話的時候，你的大腦是麻木的，對於聽的內容不會主動積極地去分析。讀完這篇內容，你就會明白，在對方說話的時候，同步做出思考是在職場溝通當中一個非常重要的思維習慣。如果沒有長期主動的思考，你自身最明顯的感受就會是反應慢，人家一說什麼，你只會點頭附和，或者支支吾吾地說「好的好的」。

而自我提問這個環節，就是聽者將自己從被動的「聽」調整為主動的「提問」，主動去理解對方講述的內容，主動把自己帶入到對方講述的內容中。

◆第三步：聆聽

這也是最核心的步驟。在這個步驟中，你需要遵循以下資訊抓取的流程：「聽清意思—記好核心—合理聯想」。聽清意思就是說要做到一次聽清楚對方的話；記好核心是指邊聽邊記錄，把對方講話中的核心資訊速記下來；合理聯想是基於對方所說的內容，推測對方接下來想要表達的內容。

我們在培養主持人的專訪能力，也就是採訪能力的時候，會要求主持人事先準備很多的問題。但是這些問題永遠都不如這個主持人跟採訪對象溝通交流的時候，從對方講述的內容裡延伸的新問題，我們稱之為「追問」。

中國央視的知名節目主持人水均益老師是資深國際新聞媒體人，他採訪過許多國家元首，還有國外很多政府要員。水均益老師最厲害的地方是什麼呢？當對方在回答自己提出的問題時，他能不斷發現新的亮點，捕捉到新的資訊點，在此基礎上再次進行提問，進而獲取更多的資訊。這就是一個優秀的節目主持人應該具備的能力，也是我們身為專業研究者，去判定一個主持人能力強弱的非常重要的評價點。

央視另一位知名節目主持人文靜老師，也是一位追問高手。一旦發生突發事件的時候，她經常在主播臺上與外景記者、新聞事件當事人、政府職能部門相關人士進行直播連線。在不瞭解對方的表達能力和具體情況的時候，就跟對方進行連線，對於主持人來說是最難的一件事，但是她每次都能完美的完成直播報導，這一切歸功於她出色的聆聽能力和主持功底。

其實，「聆聽」是實現資訊預判最關鍵的環節。對方表達的時候，資訊的暗示和聽者的解讀能力都會影響到資訊預判的品質。

在此我們先說明一下資訊預判的類型，有以下三種：

第一種是**淺層型**。比如，有人在發言時說：「今天的討論會議上，我們主要有三個議程。」從對方的表達中，我們可以看出對方的核心資訊是「三個議程」，指會議是由三部分組成。當然，這是最簡單的，也是最好掌握的一種資訊預判。

第二種是**聯想型**。對方表述的內容，你需要進行消化、吸收後分析出問題的本質，從而判斷出對方的真實想法。其實，並非所有的資訊都是明白說出來的，就好像數學題目一樣，題幹給你了，但計算的過程需要你自己來完成。比如說，產品開發人員向你介紹公司最新的一款智慧熨斗，你聽到「智慧」這兩個字，大腦裡是不是需要快速做出反應：「它能自動識別衣服的材質嗎？它能根據不同的材質選擇熨燙的溫度嗎？」這就是你基於對方給出的關鍵字或關鍵性資訊，迅速做出的一個預判。

第三種是**深度型**。這是資訊預判當中最難達到的級別，它需要以個人掌握的業務知識、快速的思維反應、準確的資訊判斷作為基礎，才能達成。比如在二〇一八年備受關注的中國「科學狂人」賀建奎「基因編輯嬰兒」事件[1]，相信大家在關注相關新聞的時候，對於理解新聞內容本身就很辛苦。但對於那些專業人士來說，他們在最初看到賀建奎接受外媒採訪說的話時，一定是不斷地對他所闡述的內容做「資訊預判」，比如：「他是怎麼研究的？他這種研究是基於什麼原因？他做這件事會對人類的基因發展有什麼影響？」

總結來說，只要對方開口說話，你的大腦就不能閒著，要從你所有已知的相關知識範疇中抓取與他講的內容有關的內容儲備，然後不斷進行資訊的核實與篩選，同步完成資訊的更新、分析與反覆運算。你還需要注意說話者使用的形容詞、副詞和名詞，是正面、積極的多，還是負面、消極的多。

1 指中國南方科技大學生物系副教授賀建奎及其團隊，於二〇一八年使用基因編輯技術改造一對雙胞胎嬰兒的基因，宣稱成功製造首例對愛滋免疫的人類嬰兒，引發全球學界及輿論抨擊的爭議性事件。

◆第四步：複現

通過調頻、提問和聆聽，你就完成了一套聽的動作，這時候，你需要把聽到的內容進行組合加工和品評判斷了。

通常來說，這是指對方表達之後，你將他之前講過的內容捋順一下。複現不是為資訊預判服務的，但是作為交流和溝通的最後一步，複現是聆聽者自己需要走完的流程。把聽到的內容在自己的內心做一下沉澱，把對方表達的意思做深度的思考。因為之前的三個步驟都是提前或同步完成的，只有複現是你事後的總結。只要長期堅持下來，你就能提高與人溝通時資訊的處理和預判能力了。

資訊預判是能將人在交流中「聆聽力」最大化使用的一個工具，在對方說話的時候，聽者要跟得上，也要跟得住。在職場上，如果你有意識地使用這些方法，就可以有效地提升聆聽的價值，做到聽得清、記得住、理解準、反應快。

總結重點

資訊預判是為了提高聆聽者獲取資訊的品質，提高自己的職場溝通能力。

在聆聽之前，你需要遵循注意力的三原則，然後進入TQLR的四個步驟——「調頻、提問、聆聽和複現」。

在聆聽這個步驟裡，要掌握「淺層型、聯想型、深層性」三種資訊預判方法。

05 不只說話，也要善用肢體語言

大家都知道，說話不只是用嘴巴，也要讓身體「說話」。據專家估計，人類將近百分之七十五的資訊是通過非語言符號來傳播的。在日常生活中，我們會經常運用一些肢體語言來傳情達意。

什麼是肢體語言呢？簡單來說，肢體語言就是指人的面部表情、身體姿勢、肢體動作和姿態變化。比如我們去銀行辦事，行員一邊說話一邊告訴我們如何使用自助設備。

如果行員嘴巴介紹著，但是眼皮都不抬，使勁敲打著電腦鍵盤，一副愛理不理的樣子，你心裡一定不高興，因為你感受到了他的態度，而傳遞態度的正是他的「肢體語言」。

那麼，在職場上公開講話的時候，怎麼使用肢體語言才是正確的呢？我以公開講話的場景作為切入點，從手勢、身姿、眼神和步伐四方面，幫你克服公開講話的「暴露感」，教你聰明地使用肢體語言，學會用身體來做演講。

首先，你要克服孤立感。一般來說，公開講話都是站著說話，你會孤零零地站在臺上，或者是獨自站在稍微遠離大家的地方。這時候，你整個人都暴露在外面，你會發現此時感覺很不舒服。被很多人盯著看，你一定會不知所措，在肢體上就會表現得很不自然。與專業主持人不同的是，普通人在大眾面前露臉的機會不多，更不要說大場合了。事實上，所有的人在公眾面前行為舉止想要得體，都需要經歷從不自然到落落大方這個過程。

我們播音專業的同學經常去參加主持人大賽，我也經常跟自己的學生說，專業提升是參加大賽的最終目的。但在人才培養上，我還希望大家能夠在大賽當中完成兩個目標，一個是心理素質的提升，就是「練膽」，膽大才能不懼怕任何場合的演講；另一個就是練習在大場合的肢體表現能力，讓自己的肢體動作從僵硬逐漸開始變得自然，最後到遊刃有餘。

對於普通人來說，如何解決這個問題呢？妙招有兩個，一是爭取在人多的時候多說話，硬著頭皮你都得上，越是心裡害怕越需要去做。其實很多事情你不去做，原因就是你總是把那個後果想像得特別嚴重，在心理上過度恐懼。很多人都會這樣，我的學生也是，每當這個時候我都會跟他們說，「戰勝恐懼只有一種方法，那就是去做。」妙招二，在人前講話的時候一定要錄下來，回來自己覆盤，也可以找身邊表達能力強的朋友幫忙看看你的肢體動作自然不自然。

其次，要學會肢體表達的方式。如果想用身體為自己的公開講話加分，你要做到這四點：手勢是輔助、身姿要挺拔、眼神會說話、適時的移動。練好這四類肢體表達，你的肢體語言的表現力就能得到提升。

手勢是輔助

生活中，我們說話的時候一定會用到手勢。我在錄製線上課程的時候，雖然前面沒有學生，但當我在講這些內容的時候，我也會使用手勢。這些行為手勢的作用是為了配合我們所要說的話。在臺上講話、在眾人面前說話，運用手勢的祕訣在於「大膽出，幅度大，不分心」。

我曾經指導過一位汽車產業的老闆，他的公司在北京國際車展上要向全球首發三款新車，我需要為這位老闆設計一個肢體語言，比如他走出來之後應該站在車的前方，是左前車門還是右後門？手搭在車門上還是其他什麼地方？在我指導之前，他的動作幅度比較小，在展示中，整個人都顯得比較局促，不夠落落大方。於是我上臺做了幾個示範的動作，其中關鍵就是大膽出手，而且動作幅度要大。

為什麼動作幅度要大呢？日常生活中，我們與人說話的時候都是近距離的，無論是出手的速度還是動作的幅度都比較小。有些動作甚至還可以用其他的肢體行為來代替，比如你召喚一個人過來，你可以用手招他過來，也可以用眼神召喚他。但在公開場合的表達中，你和觀眾或聽眾之間有一定的距離，如果你的動作幅度小，觀眾會看不見，那個手勢就好像黏在你的身上，根本就發揮不出作用，所以手勢的幅度要大一些。

還有一點非常重要，手勢不能分走觀眾對你的表達內容的注意力，內容是核心，手勢是輔助。如果你的手勢過多又凌亂的話，觀眾只能看到你的手勢和肢體動作，而不會去聽你嘴裡到底在說什麼。所以，不要因為是在舞臺上講話就用力揮手，更不要把手扭成麻花狀。其實，越是在意自己的手怎麼放，你的手就越不是你的手。

身姿要挺拔

生活中，有的人走路容易駝背，有的人走路容易拖拉，還有的人站著，感覺他馬上要垮掉。身姿不直的人站在眾人面前，還沒張嘴說話，形象就已經輸掉一大半了。我記得有一次，在短期訓練班上有個小夥子來上課，坐著的時候，整個人感覺比較萎靡。那時候我就提醒他坐好，他還有點不以為然。到了上鏡課的時候，我請他按自己的稿子講五分鐘，結束之後，我把他叫過來在螢幕上看重播，剛看不到三十秒，他就大聲喊起來：「怎麼會這樣！」他站在那裡演講時，整個人的姿態像一個括弧。所以，我們要知道自己的體態如何在講臺上呈現最好的樣子，並且反覆練習，將它變成肌肉記憶。

除了要找到身體最好的狀態之外，更重要的是要一直保持最佳狀態。如果平時養成了不正確的站姿習慣，正確的站姿一定會讓你不舒服，讓你覺得好累，站著站著你就又回到原本舒適但不好看的站姿了。你要知道正確站姿的樣子，而且要能夠長時間保持，這個很重要。

眼神會說話

不知道大家有沒有注意到，播音員、主持人的眼睛都很有戲，可以說他們的眼睛會說話。在鏡頭和麥克風前，他們的眼神都很有力。一位主持人如果眼神不會傳情，那他的傳播力就失去了一大半。

我的好朋友、央視主播文靜在播報新聞的時候，往往會讓觀眾覺得她的大眼睛彷彿也在傳遞資訊，其實這就是眼神的力量，無論是憤怒、喜悅還是思考，你都可以從她的眼睛裡解讀出來。練習眼神最重要的是要表現出篤定的神情。如果你說的都是事實，眼神飄移、游離不定，誰會相信你說的是真的呢？

那麼，怎麼練習眼神呢？你可以用鏡子來練習，在鏡子中看自己，要睜眼睛看，而不要瞪大眼睛看。瞪大眼睛看容易過度表達，給人一種你在表演的感覺。對於一般人來說，眼神到底該如何「表演」才好呢？這時候，你需要一些心法，需要在內心給自己一個作用力、一個具體的意念。其實，真實的情感是眼神最好的源泉，如果你心裡有特別想跟交流對象說的話，通常來說，這時候的眼神一定最到位。

適時的移動

自從賈伯斯（Steve Jobs）在蘋果新品發佈會上開創了走動式演講之後，很多人也開始效仿。有的人事先排練無數次，結果上臺之後你會感覺到他像是個AI機器人在走路；還有的人一隻手插口袋，在舞臺上來回晃悠，給人一種閒庭漫步的感覺。這些都不是正確的移動方式。舞臺上的公開演講，一定要找好定位，你是以舞臺左側為主還是右側為主，最好不要來回走動，而是要有一個明確的核心。一般來說，一開始打招呼時，最好在舞臺的中央，開始播放簡報的時候，你需要站在舞臺的一側。

至於如何踱步，這要看你的簡報內容了。因為你在舞臺上來回走動，就成了一個動態元素，簡報是靜態元素，觀眾的注意力會自然地跟著動態元素走。如果簡報展示的是關鍵內容，此時你在核心區來回移動，就會妨礙觀眾看清楚你的簡報。如果簡報是背景性的內容，比如說一張沒有特別重要意義的照片（人物照、公司大樓照，或者情境照），這時候你就可以把簡報當作背景，你在核心區走動也就沒有關係了。

在演講時，你要一邊說話一邊加動作，說和做都要做好，這時，說話者的注意力分配就很重要。對於一般人來說，要想在公開講話中讓自己的肢體動作更自然，最好練習時照鏡子或錄下影片，否則就是紙上談兵了。俗話說：「站有站相，坐有坐相。」舞臺上的模特想要走出好看的貓步，需要每天練習很多遍。同理，在眾人面前想要落落大方，就需要長期堅持不懈地練習。可以的話，多請你的同事、朋友幫忙拍攝，你最少需要練習二十遍來訓練自己上臺下臺以及公開講話時的肢體動作。

還有一點需要提醒大家的是，排練預演只是為了熟悉動作，切忌僵化，肢體動作需要靈活。如果你把自己的手勢演練為一套制式的動作，那就太機械、太僵化了，效果一定會大打折扣。演練的目的是不生疏，千萬不可將你的動作機械化地表現出來。

總結重點

在公開場合講話時，首先，在心理上要克服孤獨感和暴露感。其次，注意運用四類肢體表達法：「手勢是輔助、身姿要挺拔、眼神會說話、適時的移動」，提升你的肢體表現力。

06

專業主播都在用的發聲技巧

在演講中，如何才能不費力氣地大聲說話呢？有沒有什麼用聲技巧？

不懂用聲技巧的人說話時間長了，嗓子就會啞，特別是在比較嘈雜的環境下大聲說話，不一會兒嗓子就沒了，嚴重時甚至會失聲。演講的時候，講話者和聽眾之間相隔著一段距離。如果不懂得用聲技巧，總是扯著嗓子跟人說話，別人聽不清楚，你自己也累得要命。

可是那些專業的播音員、主持人一坐下就講了好久，他們的嗓子怎麼就不累呢？並不是他們天生嗓子好，而是因為他們懂得用聲技巧。有很多專業的播音員在學習播音的初期，也會有用嗓不當的時候，有的人還會因此產生一些小病症。只有懂得了科學的用聲方法，才能讓自己的嗓子更耐用。

那麼，主持人是如何練就金嗓子的呢？如何在演講前測試聲音呢？有什麼小技巧可以提升你的臨場狀態呢？改善聲音表現的自我練習方法有哪些？以下就是一些能讓你不費力氣就可以清楚、大方的講話的方法。

首先，你可以做「聲音測試」，最適合你的音量是試出來的。原則是職場上的公開表達需要的音量大於你日常說話的音量。如果你在公開場合做演講，想要知道自己用什麼音量比較合適，條件允許的情況下，可以去演講會場做一下聲音的測試。測試分兩種，一種是在沒有麥克風的情況下，一種是在有麥克風的情況下。

在沒有麥克風的情況下，你站在發言區進行演講，以你認為合適的音量來說話，讓同事站在離你最遠的地方聽一下。比如當你在會議室測試時，可以請對方站在最後一排或是你的對角那端來聽。你需要站在那裡先說上兩三分鐘，讓自己完成生理上的記憶。

在有麥克風的情況下，你再調整一個演講時的音量，測試哪種音量能夠讓聽眾聽到。其次，你還要測試說話咬字是否清楚。平時我們講話時不太注意咬字的清晰度，但在公開場合講話的時候，你的嘴巴不能懶，必須咬字清楚，讓別人聽清你說的話。另外，還有一個容易被忽略的細節，當你大聲說話時的氣音會噴麥，因此在說話前，你需要先測試麥克風的靈敏度，特別是在使用一些專業麥克風時更要注意，避免講話時麥克風發出雜音。

聲音測試最主要的目的是什麼呢？是找到最合適的演講音量。切記，聲音不是越大越好，過大的聲音會讓聽眾無法舒適地聽下去，容易產生煩躁的心理。聲音太小了也不行，太小聽眾就無法聽清楚，這時候你所準備的內容就白講了。

接下來，你可以採用繞口令的方法。公開講話的時候，你需要在比較短的時間內說出很多字來，對一般人來說，說話量會有點大。通常來說，新聞播報時，主持人一分鐘大概要說兩百八十個字，有的語速比較快的播音員甚至能說三百二十個字。新聞播報是播音專業學生的基本功，他們每天都要嘴上練習。專業播音員在上節目之前都會先來一小段繞口令，快速熱身自己的嘴巴。

我有一個好朋友，他原來是外景記者，現在是播音員。做外景記者時，他每天的說話量可能就是報導的那幾分鐘所講的話，加上日常生活中所說的話。但是播音員就不一樣了，播音員要咬字清楚，表達要準確，所以我跟他說，你需要具備稿子拿來就能讀的這種由字到聲快速轉換的能力。

我也經常會給學生做這種聲音訓練。在我們這個圈子裡有一則佳話，故事的主人公就是我的大師姐、央視著名節目主持人李修平老師。她曾經用十七分鐘播報一個重大政治新聞，並且做到了零差錯。當時，她播報時所用的是一沓三十六頁的A4紙，這些紙沒有全打滿，而是按照播報時採用的九到十一個字的播出稿格式。當時她大概只看了十二頁，有二十四頁是沒有看就播讀的，在沒有看的情況下她還能播讀，而且一個字都沒有錯，可以想像她的基本功有多麼紮實。在節目直播前，很多播音員都需要讓自己的口腔熱身，以應付接下來短時間內很大的說話量。

最後，通過自我練習，把聲音紮實地送出去。平時說話時，我們用較小的音量講話就可以了，不太考慮聲音是否能送出去。但是在演講的時候，把聲音送出去這點很重要。因為聲音送不出去，資訊就送不出去，你就白講了。想要關鍵的時候大展身手，平時還需要多磨練基本功。練聲是學習播音專業的人的必修課，關鍵在於：

首先，你要保證說出來的聲音是「實聲」，就是大家能聽到的實實在在的聲音。在職場日常溝通當中，最需要的是這種穩健的聲音，會給人一種信任感。所以在職場上你需要建立實聲的意識。日常生活中，只要張嘴說話就用實聲，讓它成為一種習慣。

其次，聲音要送出去，不是喊出去。喊出去的聲音，聽上去很尖銳、刺耳、粗糙。在職場的重要場合上，往往需要我們加大音量，但要注意的是，加大音量不是大聲的喊、不是提升音高，而是讓你的聲音向低寬處發展。平時練習的時候，起音要柔和一點，不要一上來說話就像開炮一樣，讓人感覺很嘈雜。

第三，不要誇張的說話。上小學的時候，語文老師經常讓我們一起大聲地朗讀課文，聲音拖長或刻意拉高拉低地喊出來。演講時是讓人比較反感的說話方式。

最後，聲音出來不能是悶的、糊的。這就是只見人張嘴說話，卻聽不清楚他到底在說什麼。這種情況用我們的專業術語來說就是「聲包字」，意思是聽上去就像身邊有個大音響，但聽不清楚他講的是什麼。

想要聲音好聽，紮實的實聲是靈魂；想要聲音有靈魂，漂亮的實聲是關鍵。

07

判斷表達力高低的基準：資訊推導力

我們腦中抽象的邏輯推理如何通過表達傳遞給其他人，以完成我們與外界的溝通與交流？比如說週一中午，你跟同事在一起邊吃午飯邊聊天，你向同事推薦週末看的一部好電影，因此你需要向同事詳細說明這個電影的劇情，具體說明的過程就是「資訊推導」。

在前面〈好的演講必須具備結構意識〉中，向大家介紹了如何安排一篇演講稿的段落佈局。就像蓋房子一樣，需要先提出平面設計圖。資訊推導則是指泥作師傅按照一定的邏輯，把一塊塊的磚一層層砌起來的過程。是從下往上砌，還是從左往右砌？是先砌周圍再到中間，還是先把中間砌起來，再去砌周圍？這就是資訊推導所要探究的問題。

資訊推導指的就是按照某種推導方式表達思想的語言過程。學會資訊推導法，可以幫助你解決講話最核心的問題——內容，從而讓你在職場表達上站穩腳步。資訊推導的方法主要有以下三種。

心智圖推導法

我在教學生如何把一個資訊點說明白的時候，經常使用的方法就是心智圖（Mind Mapping）。這是為了讓他們在面對一條新聞或話題的時候，可以不拘一格地思考問題，多元化思考、建立多條思維路徑，而不是只以某個標準或者尺度去限制自己的思考。

心智圖推導法是一種把前期的思考作為最終表達的資訊推導法，通過一次又一次的演繹和推理，把自己的思考過程透過心智圖展示出來。比如說，某家公司在下個年度要推出新產品，因此需要宣傳新產品的企劃。這時就需要你具備非常開放的思維，把與新產品相關的關鍵字寫下來，然後圍繞關鍵字開啟發散思維。比如說，這款新產品是智慧熨斗，你的創意就要圍繞著「智慧」二字展開，進行創意聯想。

這些通過心智圖想出來的資訊點，沒有什麼邏輯性，都是一些零散的東西。那麼，如何把這些資訊按照一定的脈絡串聯起來呢？合理的推導路徑來自「生活常識、行業規律和專業認知」這三點。當然很多極具創意的一些想法，在於你的創新思維和巧妙的嫁接。但第一步我們可以利用心智圖把資訊點按照你的創意列出來，然後一遍又一遍地進行繪製。

概念講解推導法

職場中出現的新想法、新概念、新名詞比較多，如何向他人來解釋介紹，從而讓聽眾通過你的資訊推導，按照你預想的思考路徑來理解這個新概念呢？有一個方法，就是概念名詞放進應用場景，再加上學術解釋。

從研發角度來解釋一個概念就如下面的例子，專家經常會這麼解釋人工智慧：

人工智慧的英文縮寫為AI，亦稱人工智能、機器智慧，指由人製造出來的機器所表現出來的智慧。通常人工智慧是指用普通電腦程式來呈現人類智慧的技術。（摘自維基）

這是一般人在解釋概念時常見的說法，接著就直接進入到對概念的學術解釋上。這就相當於你用一個專業術語去解釋另外一個專業術語，非專業人士根本聽不明白這是怎麼回事，而這段資訊推導也就沒能發揮其作用。

那麼，怎麼說才可以讓聽眾很好地理解你所講的新名詞、新概念、新方法呢？

你應該要結合應用場景來解釋。比如說要解釋「行動支付」這個概念，你可以先還原生活可能出現的場景：

以前我們到菜市場買菜時必須帶一大堆零錢，一顆大白菜七十元，四條小辣椒二十元，每走到一個攤位就要拿錢包找零錢，真是好麻煩。悠遊卡和 LINE Pay 的行動支付功能就可以解決找零錢這個麻煩事，只要拿出手機一掃，不需要打開錢包，就可以完成整個交易過程。所以說，行動支付就是用戶利用行動裝置，比如說手機，就能對所消費的商品或者服務進行支付的一種無現金支付方式。

在上面這段話中，你可以看出我並沒有用那些專業術語來解釋「行動支付」這個概念，而是先把「行動支付」這個概念點出來，從日常生活入手，講菜市場買菜需要帶錢包找零錢這件事。說完了這個應用場景之後，我再引入學術解釋，這樣聽起來是不是就要比「人工智慧」的解釋要清楚很多呢。

追尾表述推導法

說起追尾，你一定會聯想到交通事故當中的後車追撞，沒錯，我會利用這個生活場景來解釋接下來要介紹的資訊推導方法。追尾表述推導法，具體來說，就是在進行訊息推導的過程中，關鍵字彙的接龍式表達。

關於網路選位，以前我們想去看電影的話，必須要在報紙上看看哪天幾點鐘有什麼電影上映，或者臨時去碰碰運氣，看看是否正好有喜歡的電影開演，這種看電影的方法實在是很不方便吧。為了解決這種不方便，一些支付平臺把各家影院的電影資訊通過最新技術串聯，因此你只需要一臺手機，足不出戶也能買好電影票了。

上面這一段資訊推導就是典型的追尾表述推導法，是什麼意思呢？前面我說的是以前電影票買起來如何不方便，後面介紹現在如何變得方便，用後一句話的開頭句，咬住前一句的最後句。當然，這樣的句子承接通常來說銜接三、四段就夠了，否則聽眾會覺得沒完沒了。

總結重點

資訊推導方法一共有三種：第一種是「心智圖推導法」，用開放性思維把思考的過程用心智圖繪製出來；第二種是「概念講解推導法」，通常的做法是將概念名詞放進應用場景，再加上學術解釋；第三種是「追尾表述推導法」，將關鍵字、關鍵表述接龍式表達出來。

08

快速抓住視線的簡報技巧

在演講彙報的時候，你可能遇過這樣的問題，有的內容明明講過了，簡報上也標明了，聽者還是會反覆提問相同的問題。這時候你需要的是「語言箭頭」，它會引導聽眾跟著主講人使用的箭頭主動去尋找資訊點，由「被動的聽」轉為「主動的看」。

語言箭頭到底指的是什麼呢？語言箭頭是指主講人利用簡報、圖片、影片、實物等視覺輔助工具做演講的時候，為了幫助觀眾快速準確地找到主講人想表達的資訊點、所使用的語言表達技巧。

我將從方位方向、顏色線條和座標對照這三類使用語言箭頭的方法入手，教你如何讓觀眾看見重點資訊。

技巧1：方位方向

假如你的簡報上下左右分別有四組資料圖，介紹公司二〇一八年四個季度的銷售情況。一般來說，你來到這一頁簡報，就開始介紹這個季度的銷售情況了。當你想重點介紹第二季度中六月份的銷售情況時，你進行了口頭說明，但是觀眾是否會跟著你的講解主動去看六月份的數據圖呢？你完全不能控制。這時候你的介紹和觀眾的注意力事實上脫鉤了，就需要使用語言箭頭中的「方位方向法」了。

簡報上是一個十字格，四個季度的資料分別放在四個空格裡，你可以這樣講解：

這一頁是這款產品在二〇一八年的銷售情況，請大家看PPT左下角的數據圖，這是第二季度四、五、六月三個月的銷售情況。特別值得注意的是六月份，銷售情況進入到了新階段。

你是不是一下子就明白了？我們可以根據自己所使用的不同視覺輔助工具，靈活地使用語言箭頭。主講人通過語言箭頭這樣的表達技巧，把自己的有聲語言表達變成了一個無形的箭頭，讓這個無形的箭頭帶著觀眾的眼睛抵達主講人想讓他們看到的那個資訊，觀眾就能更好地理解主講人所說的意思。

技巧2：顏色線條

如今，很多公司相當重視簡報的視覺呈現。精心的視覺設計，一方面可以提升主講人的表達欲望，同時也可以利用優質的視覺元素，為主講人的資訊提供素材。

如何把這些優質的視覺元素與自己想要傳達的內容結合起來呢？比如說簡報上面有三個方塊，其中最左邊的是綠色方塊，上面寫著「起步於青色」；中間是一個紅色方塊，上面寫著「拓展靠熱情」；最右邊是藍色方塊，上面寫著「成功與思考」。這頁簡報是用來總結主講人的團隊在過去一年來的心路歷程。

按照一般人的表達邏輯，這頁的顏色和圖案的功能，就是為了區分這三句話及裝飾用。但事實上，這三個顏色也可以融入表達內容來使用。他可以這麼說：

「二〇一八年，我所屬的團隊可以用這三句話來概括。年初組建團隊的時候正好是春天，每當走出公司大門，映入眼簾的就是春雨之後滿眼的新綠。我們起步於青色，真是一點都沒錯。團隊的成員以Z世代為主，當我們開始策劃第一個項目的時候，看著他們一遍又一遍地推翻重來，我問他們，為什麼你們這麼努力呢？他們的回答是，這份工作是自己非常喜歡的。努力的意義是為了老闆嗎？不是，是為了正在做事的他們——一個熱情似火的紅色戰隊。最後，經過一番努力，我們終於看到了藍天，迎來了成功。」

除了使用顏色，還可以使用線條、形狀等其他的語言箭頭方法。你是否注意到購物專家最擅長使用語言箭頭？在銷售冬季保暖內衣的時候，由於衣物這種商品標籤上的字很小，字數卻很多，為了讓關注的資訊點被看見，購物專家會這麼說：「我們來看一下標籤的第一行，注意到了嗎？棉的含量高達九十五％。我們再順著看第二行，上面寫的是萊卡（Lycra）含量為五％。」

用標籤的第一行、第二行來引導消費者看見商品資訊，就是一種語言箭頭。

技巧3：座標對照

這種方法則是借鑑外景記者做現場報導時的做法。

現場報導時，記者需要描述現場環境，目的就是為了讓觀眾身歷其境。外景記者會在現場找一個明顯的指標性建築物，以這個建築物為座標去引導觀眾。記者可能這樣說：「這次車禍發生在一個T字路口，從畫面中看到有一家肯德基餐廳，肇事的大貨車從肯德基所在的那個路口轉過來。據肇事司機說，他沒有注意到騎電動車的這對母女。」

你是不是已經注意到語言箭頭了呢？記者先找到一個指標性建築——肯德基，然後以肯德基為座標，描述了車禍發生時大貨車司機處於視線死角的情況。

同樣，語言箭頭的使用方法也可以用在簡報上。你可以把簡報上某個視覺元素作為座標，通常是顏色特別鮮亮，面積比較大的元素。透過這個座標，你可以將要講的內容進一步清晰地指出來。

使用語言箭頭這樣的表達技巧，可以讓觀眾的眼睛在眾多的視覺資訊中，一下子就找到主講人此時此刻正在說的那個資訊點，從而大大提升了溝通效率。

總結重點

語言箭頭，指的是主講人用一個無形箭頭把觀眾的注意力抓住了，讓觀眾跟著主講人的語言箭頭主動去找視覺資訊點。

語言箭頭一共有三種，分別是方位方向、顏色線條以及座標對照。

09

一開場就抓住注意力

從語言表達的專業角度來說，一個漂亮的開場白，演講就已經成功了一半。你可以在第一時間把觀眾的注意力集中在自己身上。觀眾被你引導到話語場中，就能跟著你開始一場思想的碰撞之旅了。

開場白的作用除了開啟一段演講之外，更重要的是它需要具備「操控注意力、引發新關注、做出新表達」的話語職能。具體來說，就是將觀眾的注意力從別處轉移到主講人這裡。

操控觀眾的注意力之後，主講人需要將演講或彙報的主題提早點明。就像吃包子一樣，得讓觀眾知道是什麼餡，如果咬了半天都是皮，觀眾會把剛拿到的熱乎乎的包子再扔回盤子裡去。

那麼，如何讓你的演講一開始就牢牢抓住觀眾的注意力呢？

提問法

我們先來說第一個方法——提問法。開篇就向觀眾提問，這是操控觀眾注意力最直接的方式。在生活當中，兩個人交流的時候，如果想讓對方「必須」跟你交流，最有效的方式是什麼呢？那就是提問。比如當你說：「你吃了嗎？」對方怎麼樣都得跟你說話吧，對方又不能看著你，然後默不作聲。

《超級演說家》節目中，參賽者劉媛媛有篇著名的演講〈寒門貴子〉，在演講的開篇她是這麼說的：

前些日子，有一個在銀行工作了十年的資深HR，在網路上發了一篇文，叫作「寒門再難出貴子」。意思就是說，在當下我們這個社會裡，出身寒門的小孩想出人頭地、想要成功，比我們的父輩那一代更難了。這篇文章引起了廣泛的討論，你們覺得這句話有道理嗎？

劉媛媛這篇演講一播出就引起了廣泛的關注，至今都被認可為經典演講之一。這一段開場有三個值得借鑑的策略。

首先，它通過當時的熱門事件快速建立起與觀眾的共識，傳達了這個意思：「我最近在關注這件事，你也在關注吧？」它通過一個熱門事件完成了人際溝通上從陌生到熟悉的過程。

其次，它借由一個議題觸及現代的集體焦慮。在社會中，有很多議題會引起大家的關注，比如職場焦慮、家庭焦慮、育兒焦慮等，我們擁有許多相同的焦慮的議題。

最後一個策略，也是這個開篇當中最重要的一點，「你們覺得這句話有道理嗎？」不管有道理或者沒道理，一個提問放在觀眾的面前，接收到提問的你是不是必須面對？

提問法有很多，你可以使用反問句，也可以使用疑問句，它們都具有一定的引導功能，是演講開篇時快速吸引觀眾注意力的好辦法。一個乾淨俐落、直達心底並能戳到觀眾痛點的問題，可以震懾到觀眾。一個提問也好，多個提問也罷，都是可以使用的。

故事法

說完了提問法，我們來說一下第二個方法——故事法。想要在關鍵時刻做出出色的表達，主講人最需要具備的其實就是講故事的能力。

我在指導學生演講的時候，每一位同學講完之後，會讓小組其他同學去評分，通常評分時提及最多次的就是演講中主講人使用的故事案例和細節。一些研究也表明，故事和案例要比嚴肅縝密的推理更容易吸引觀眾，更容易讓人記住。想要在表達中運用好故事，需要注意的是「故事的選材」。不是所有的故事都值得放在演講中來使用，到底怎麼選擇呢？還有如何來敘述這個故事呢？重點敘述什麼？省略什麼？講多久？怎麼講？這些都是需要考量的。

開篇時如果使用故事法，還需要注意兩點：第一，故事的篇幅要小，因為開篇只是起個頭，觀眾需要吃的是「爆漿牛肉丸」，而不需要吃「厚皮大包子」。第二，故事要貼切，選取的故事跟你的演講、彙報工作的主題要緊密相關。故事再好，和你講的主題八竿子打不著，這個故事也不能用。如果關係不緊密，觀眾就有可能誤解你的講話意圖，被故事轉移了注意力，而你所講的主旨內容反而被他忘了。故事使用時是否要短小精悍，跟演講、彙報的主題緊密相關，這個故事的開頭其實就承擔了引子的作用，引導觀眾進入到你演講的主題。

故事開篇，無論是製造懸念，還是為了喚起共鳴，最重要的目的是吸引注意力，建立交流的話語場，把演講現場的氛圍帶起來。只有場子熱起來了，演講的傳播效果才會達到你預期的目的。

我特別喜歡的主持人金星在參加《超級演說家》的時候，做了一個〈謀事在人，成事在天〉的主題演講，在講故事的技巧上，她使用的堪稱完美。她說自己在美國留學打工的時候，曾在一家皮件專門店當店員。但這個故事並不是她的最終目的，她是想通過這個小故事，來引出她要講的核心大故事。

她想講的大故事其實是這個：有一天在店裡的時候，進來一個客人，這個人對她說，她現在的人生太著急了，應該需要多一點耐心。這句話對於正處於拼命尋找自我、人生狀態比較激進的金星來說，很是奇怪，她非常想知道這是怎麼一回事。結果，這個來自新加坡的華人就告訴金星一個自己的人生故事，他小時候奶奶告訴他，今後要做跟水和機械有關係的工作、要有數不完的錢，後來他到了美國，通過自己的奮鬥開了一家洗衣店，恰好就是每天和水、機械打交道，而且每天總有數不完的零錢。他通過自己的人生感悟跟金星分享所謂「謀事在人，成事在天」的道理。

這兩個故事，一個作為開篇，一個作為演講主體。金星先用她自己留學的事作為開篇，接著在演講中引出了這個新加坡華人的故事，前後承接，環環相扣。在演講的最後，她又點了一下題，堪稱完美的故事演講大法。

熱點法

說完提問法、故事法之後，再給大家介紹一下第三個方法：熱點法。

在一些比較正式的產業論壇或者專業分享會上，開場白可以使用熱點法。熱點法的使用策略是什麼呢？

第一個必須要足夠熱，最好是產業熱點，比如說最近一週內發生的大事，如果是幾週前或者是幾個月前的熱點，時效性就有點差了。使用過時的產業新聞，不僅無法與觀眾拉近距離，還會被觀眾嫌棄，所以如果用過時的新聞還不如不用。

第二就是討論空間要大，如果是一聽就知道答案的熱點，拿出來說有什麼用呢？也就是說，熱點本身的作用比較單一也不行，熱點需要跟業界重量級大咖的言論相結合。

除了產業熱點，還有一個社會熱點，臉書、Instagram、YouTube 這些社交平臺每天都會提供很多熱門話題，你可以從上面找一些比較有話題性的熱點來談。

提問法、故事法和熱點法這三種方法能夠讓演講開篇迅速抓住觀眾的耳朵，激發觀眾的好奇心。但是，只具備吸引力是遠遠不夠的，在此給大家一個小提醒，即演講的開始是建立可信度的最佳時機。

因為開篇對演講來說是引言的部分，對主講人來說，是你和觀眾建立良好關係的一個關鍵時刻。這其中最為重要的就是信任關係，也就是可信度。你要給觀眾一個理由，也就是要讓他們知道，他們花那麼長的時間來聽你說話，對他們有用的原因。

觀眾一聽你的開場白，就知道你是否有能力勝任這個演講。比如說，你是一位主持人，但是你今天要談教育問題，除非你有個跨界的社會身份，比如說你長期關注偏鄉教育、關心弱勢兒少問題，或你常常去山區或離島國中小做志工，看到了很多偏鄉孩子們的實際情況。你掌握了這麼多的實際狀況，今天再來談教育問題，大家就覺得這個人講的內容值得一聽。

開篇策略共有三大法寶：「提問法、故事法、熱點法」。其實，演講的開場白猶如演員上臺前的漂亮亮相。你是小碎步、大踏步還是噔噔噔地跑上去，就看你怎麼設計了。至於觀眾買帳不買帳，關鍵就在亮相的第一印象。

10

如何在有限時間內把事情說得完整？

我本人參加過很多論壇，經常看到這樣的演講場景：大會規定每人發言十五分鐘，很多主講人都會出現前鬆後緊的情況，前面無關緊要的事情講了十多分鐘，看到工作人員提醒還有三分鐘演講就結束了，才想起來自己的「主菜」還沒端上來呢，於是快速翻頁簡報，讓觀眾在三分鐘內「把整個東坡肉啃完」。演講者之所以會出現這個問題，就是因為他們疏忽了時間管理。也就是說，他們沒有做好「限時表達」。那麼，如何讓限時表達為自己的演講和彙報加分呢？

懂得以下三點，將讓你在限定時間內靈活表達，讓時間為演講加分，而不是扣分。

時間感知力

電視上有一檔新聞節目叫《新聞1+1》，不知道你是否注意過，每當節目進行到晚上九點五十幾分時，主持人白岩松會時不時地看一下旁邊，因為旁邊有一個計時器。對主持人來說，做直播節目的時候，時間就是一切，假如不能在時限內把內容說完，後面的廣告就會切進來，結尾的片花會切進來，這對於節目來說可是一個大出包。

所以，時間感是主持人必須掌握的一種能力。對於普通的演講者來說，時間感也是公開場合講話必須具備的意識，雖然不至於像專業主持人那樣精確到幾分幾秒，但是具備了時間感，就會讓你的表達更加「有的放矢」。時間給內容讓路，才能在充裕的時間內自主表達出來。在日常生活中，可以透過分鐘法和心算法練習具備時間感。

「分鐘法」就是把自己準備好的演講內容錄製一分鐘，時間落差不要超過五秒，也就是說，要控制在五十五秒和六十五秒之間，不要相差太多。接下來，你需要用不同的語速來練習，體會一下不同語速所達到的效果。這樣你就能明白自己在一分鐘內能說幾句話、能說多少內容。

採用「心算法」之前，你需要先把分鐘法練好，因為分鐘法是心算法的前提。分鐘法讓你知道自己在一分鐘之內大體上說了多少內容，而心算法就更進階，在不看時間的情況下自己盲說一分鐘。

當然，當你還不具備時間感這種基礎能力的時候，心算法確實是有一些難度的。但是，隨著多次練習，第六感會逐漸幫助我們完成心算法。就像我們在沖奶粉時，一開始並不知道什麼樣的水溫合適，但是經過一次又一次的測試和練習，熟練之後，就能很快感知到什麼樣的溫度是最適合的。對於非播音專業的人來說，以分鐘為單位進行不斷的練習，就可以達到這種訓練的目的。

當你獲得了時間感這種能力，在演講時就能很好地掌握自己的演講節奏。這是一種可以讓你終身受益的演講方法，它可以幫助你做些什麼呢？根據現場情況來靈活掌控時間，比如當有人麻煩你再說三分鐘，或者臨時要你縮短五分鐘演講時，你心裡就有數，不會緊張而打亂演講節奏了。

養成說話計時的習慣

如果你後天就要說一場演講，有沒有什麼方法能讓你馬上掌握限時表達呢？有的，我來告訴你演講的時候怎麼看時間，讓你的表現既得體又高效。

我通常都是使用手機來計時。我一開始會這樣介紹自己：「大家好，我是中國傳媒大學播音主持藝術學院的宋曉陽老師，同學們都會叫我『老虎老師』。今天我主要想給大家介紹一下，電視新聞現場報導目前的發展現狀……」通常，我會用大概二十秒的時間，做完簡單的自我介紹以及演講主題。接下來，我會在眾人面前說，大會規定每個人只有十五分鐘的發言時間，所以從現在開始我要計時。

在眾人面前開始這個計時動作，其目的一方面可以讓與會者知曉你是一個尊重時間的人，也是一個時間的管理者，不會耽誤大家的時間；另一方面就是你可以讓自己在演講或者彙報的時候，將看時間的行為養成一種習慣。

大家有沒有發現，一個在公開場合發表言論的人如果很遵守時間，大家對他的好感度會高很多。如果他講的那些內容又讓大家在聽後覺得收穫良多，那麼，他的整個發言體感就會更好。不懂得把握時間的演講者，拖拖拉拉一直在講，觀眾心裡會想怎麼還沒有講完，會覺得很煩燥。遵守時間會給你帶來非常正面的形象，讓你獲得觀眾的好感。

一般來說，十五分鐘的演講，每隔三分鐘看一次時間是比較合理的習慣。在整個演講當中，你可以根據時間將自己的演講內容層層推進，使時間與內容形成一條同步推進的平行線。如果有確實做好之前的時間感練習，那麼你就能夠自然而然地找到三分鐘的節點，對時間的掌握會更精準。

倒數計時法

語言表達中，我們經常會用到「倒數計時法」。想要有效地利用倒數計時法，主講人必須先掌握時間感和計時法。

倒數計時法同樣需要使用到手機的計時功能，並且設置鈴聲。首先，請先設置倒數計時三分鐘。一般的簡單講話三分鐘就足夠了，在不看時間的情況下，你照自己的節奏與思路來講，當鈴聲響起的時候，再計算一下自己想要表達的內容說了多少。如果還有三分之一的內容沒有說完，你就需要整合自己之前準備的內容，把自己要說的話重新再理順一下，檢視起承轉合，抓出核心要點，開場白的時間是不是太長，切入正題是不是太晚。然後，再次倒數計時三分鐘，把調整好的內容再說一遍，重複一下之前的練習。練習本身雖然枯燥的，但需要反反覆覆地進行，才能將倒數計時法練好。

三分鐘練好之後，如果你必須做比較長的演講或彙報，時間在一個小時左右，那麼，你就需要一個小助手。開場三分鐘，請他給你一個手勢；演講進行到十分鐘，給你一個手勢；演講剩三分鐘、一分鐘時，再分別給你一個手勢。也就是說，十五分鐘以上的演講，你需要小助手給你四次手勢。其中，最關鍵的時間點分別是**倒數三分鐘和倒數一分鐘**。

當倒數計時三分鐘開始時，你必須清楚地知道，整個演講需要收尾了。你能講的話大概只剩六百五十字到七百五十字，最多不超過八百字。如果你對稿件很熟悉的話，做到這一點應該不成問題。當倒數一分鐘時，你就應該知道，接下來你最多只能講兩百字了，甚至更少一點，否則你就會說不完。

在此我需要提醒你，計時法和倒數計時法的差別在於，計時法是從零開始計時。倒計時法是從結尾開始倒數計時。根據我的訓練經驗來說，較長時數的演講、彙報採用計時法更好，就是從零開始計時，可以從整體上安排時間；而簡短發言最好使用倒數計時法。實際經驗證明，許多人是說不滿三分鐘的，不是時間不夠用，而是時間太多。有的人只說到一半，已經覺得自己說了好久好久。

為什麼會出現這樣的情況呢？主講人在倒數計時下，心裡的節奏通常會比較快，也就是說，主講人在不看時間的情況下說話，通常會越說越快，因為我們會擔心自己說不完，會機械地快速把內容說完。

語言表達能力需要紮實持久且科學的訓練，在這裡跟大家分享一個故事。我的圈內好友Y之前是做自媒體的，自己在摸索著做。Y發現他的自媒體表達不如羅振宇做得好，請教之後他才知道，羅振宇每天為了那六十秒的錄製背後付出了多少心血。聽上去只有一分鐘的內容，為了這一分鐘，他需要付出無數個一分鐘來做到盡善盡美。

二〇一八年底，我帶著學生去參加騰訊新聞一檔節目《@所有人》的錄製，羅振宇帶著自己的團隊也參加了節目，我在現場看了他的演講，出錯率極低。他對自己所要講的內容與簡報的銜接了然於心，哪裡出錯了，他馬上就會知道。除了把內容準確傳達出去，他還行有餘力，與現場的觀眾進行了有效的互動。之前業界有傳聞，羅振宇的演講能力在中國可以排到前五名，這一點我非常認可。能達到這樣的水準，絕對是將限時表達運用到極致了。

在這個世界上，很少有人天生就是演說家。具備語言表達天賦的人一定是少數，想要在眾人面前表達出色，必須接受科學、嚴謹的訓練。如果沒有下足夠功夫，想成為別人眼中的表達高手，是絕對不可能的。

因此，限時表達主要從「時間感知力、養成說話計時的習慣、倒數計時法」這三點入手，演講者只要熟練運用這三點，就能增強自己對時間的感知與掌控。當然，這一切都需要你做充分的練習。只有循序漸進地提升自己的語言表達能力，及時覆盤與改進，才能持續提升自己的表達力。

11

所有成功的演講都是演練出來的

沒有人天生就是演說家，所有成功的演講都是演練出來的。演練就是正式演講前的預演，把正式演講的所有流程走一遍，也可以稱之為「全要素演練」。

實戰演練的目的就是為了保證正式上場的時候，主講人以及所有跟演講有關的要素都可以高品質地呈現。那麼，實戰演練前、中、後需要注意哪些問題呢？你只要掌握好實戰演練的三階段，等到你正式演講的時候，說話絕對有底氣。

演練前：事前準備和硬體設備

首先是演練前，你需要確認以下三項：稿子是否完成、簡報是否完成、稿子與簡報是否嵌合。

在舞臺上開始實戰演練之前，你的演講稿必須是定稿，是經過多次修改之後的最終版本，簡報也必須是最終版本，並且對於稿子已經爛熟於心，明確知道每一頁簡報應該說什麼內容。請注意，在實戰演練中，你所要演練的是物理環境、演講設備等其他要素，而不是練習背誦演講稿和簡報。如果你無法不看稿、對簡報內容不能做到心中有數，演講的效果一定是大打折扣。在這種情況下去演練，有什麼意義呢？只是浪費時間。如果你對演講內容沒有爛熟於心就上臺，一定會出現最慘烈的「車禍現場」。

確認好這三項後，你還需要注意什麼呢？包含行走路線、發言位置、麥克風設備，還有簡報遙控器的測試。你需要瞭解上臺和下臺的路線，站在舞臺上哪個位置最合適。通常來說，我們會在舞臺上粘一個位置，將其當作定位點。在上下舞臺時，也需要注意上下臺動作的協調性，無論你多麼著急，動作也不要慌張，有力的步伐會給人活力感。

另外，千萬別跑著上臺，穿高跟鞋的女生尤其要注意這一點，否則會發生比較尷尬的場景，比如說人還沒走上臺，鞋子先上去了。

關於設備問題，你需要注意麥克風的款式，它會影響到你的服裝。比如說若是手持麥克風，事先確認要用哪隻手拿麥克風。我們通常有一隻手特別愛做動作，那麼就用不做動作的那隻手去拿。因為一旦做動作的話，你會不由自主的將麥克風偏離嘴巴，會影響到收音效果。如果是耳麥，可能需要穿有腰帶的衣服，因為有些衣服（例如連身裙）是沒有腰帶的，這些細節你都要考慮到。

最重要的是簡報遙控器，因為它有一個遙控的距離，你心裡也得有數。上臺演講前，要留意簡報遙控器的電量。有些比賽中，簡報不是由主講人控制的，這在演練的時候也需要注意。還有一些會議室的簡報投影機面積比較大，如果投在主講人臉上，簡報就會難以辨識，這時候就需要調整一下自己所站的位置。

演練中：先走流程，再解決問題

前面講的是演練前的確認事宜，接下來就是演練中的注意環節。以下是在演練中容易出錯的環節。

在這裡有一個原則：「先走流程，再解決問題。」先走流程就是你結合演講時所有需要用到的設備、場地完成一次演講的流程，當然，這其中會出現各種各樣的問題，比如簡報播放有問題、舞臺的燈光沒有及時跟住你的動態路線等。無論出現什麼問題，你都要堅持把整個流程走一遍。如果你卡在某個地方，流程沒有走完，你在演講時就容易出錯。當你將整個流程走完之後，就知道問題出在哪裡了。這時候，你可以把剛才演練過程中出現的問題，再與工作人員進行檢討，將所有問題解決掉。

在技術性問題都解決之後，你要進行第二遍的演練。在第二遍演練時，需要檢驗的是第一次演練的技術性問題。除此之外，還有個重要目的，那就是「計時」。也就是說，解決了技術性問題後，你的注意力就要從場地、環境、設備逐步轉移到自己身上，比如演講的狀態、語態以及音量，服裝配色與會場背景，走位路線與舞臺環境等等。

不同的演講活動，演練的重點也不一樣，比如公司年會，由於專案多，參與人員也多，也許你只有一次演練機會，這就給你提出了一些新的要求。設備都已經調整好，你是第五個演講者。看別人演練也是一種經驗的總結，如果別人在演練的時候，你只顧準備自己的稿子，一旦發生問題，你就不知道該怎麼臨機應變了。

為了更有效的演練，你最好將整個演講過程錄製下來，方便自己回去覆盤。特別是自己的肢體狀態，只有自己意識到、看到，才能真正解決問題。

你要對自己演練過程中出現的問題，做一個詳細的記錄。比如在舞臺上的站位，地板的標識是否一眼就能看見，因為有時候舞臺上的燈光一打，會讓人眼睛有點花，你未必一下就能找著，這些你都需要注意。或是有些主講人戴眼鏡，當燈光、音效打開之後，主講人的視線會受到一些影響，而這些影響都是你必須在演練過程中特別留意的。

最重要的演練過程就是文稿內容了。平時，我們大都是在家裡或者辦公室備稿，來到這麼大的空間，承載內容的就是聲音本身。倘若發現問題，就需要及時修改。可以這麼說，只要正式演講還沒開始，你都可以對演講稿件進行修改，直到自己滿意為止。

演練後：檢討並補齊漏洞

最後我們來說說補齊漏洞環節。演練結束之後，需要解決的問題有什麼呢？其一是演講的狀態。演練的時候，最重要的是你是否在線，比如說你的表達是否符合這個空間。聲音太大了顯得誇張，聲音太小了顯得你怯懦。你得大大方方地展示自我。聲量、移動路線、在演練時發生的問題，這些都需要你靜下心來自己理清楚。

當然，簡報也是需要注意的，請注意簡報字體的大小、背景顏色與舞臺的背景是否和諧。現場播放時，簡報的動畫設計是否在現場達到預期效果？如果你自己操作簡報，每頁簡報需要花多少時間來講解，心裡也要有數。你需要注意調整自己的心理狀態，保持穩定的講話狀態。

當所有一切都已經準備十足了，是不是就沒有問題了呢？你還需要做好突發狀況的準備。做任何事，你都要有一個備案。

如果簡報在現場突然放不出來，怎麼辦？這也是演講中最容易出現的問題。前陣子我去中國某個短影片平臺聽演講，可是在正式演講的時候，螢幕反反覆覆出現問題，但是舞臺上的講者應變能力很好，他及時調整，把原來的演講變成了與觀眾互動的環節，讓大家對他剛才講的內容進行提問。等到工作人員把螢幕調整好之後，他再繼續。

演講設備確實有「罷工」的時候，這個無法避免，但對主講人來說，要有一些應對撤步。你只需要撐一兩分鐘，等待技術人員來解決問題就行了。還有前幾天，我去一家機構講語言表達課，演講過程中音響出了問題。後來我臨時想了一個辦法，就是用手持的麥克風對準電腦，確保還是有一些聲音。

當然，不同的演講環境、氛圍，各種突發情況都有可能出現，甚至還有觀眾干擾臺上演講的情況，所以對你來說，應變措施做得越周全，正式演講時心裡就越有底氣。

想要有一場成功的演講、彙報，前期周密的準備工作必不可少，而實戰演練是通往優質演講的必經之路。

總結重點

正式演講前的全要素演練有三個階段，演講前需要完成對細節的檢查，演練中要「先走流程，再解決問題」，演練後是補齊漏洞環節，最重要的是準備應變措施。實戰演練會讓你說話更有底氣。

職場表達診療室1

Q1 宋老師，前兩天我遇到一件事。在一個座談會上，本來沒有安排我發言，忽然之間主持人要我發表意見，我嚇出一身冷汗，語無倫次、結結巴巴的。想總結前人們說的話，可是他們都是照著稿子念的，我也沒仔細聽。遇到這種情況該怎麼辦？

A 這個問題滿可愛的，那麼這時候應該怎麼辦呢？我有三點可以告訴你。通常來說，今天你來開會，你至少知道這個會議的主題吧。即便你的注意力沒有百分之百地投入，你只需要投入百分之十，也會聽到一些和主題相關的內容，所以，你只需要廣泛地談一些跟主題相關的事情，就不算跑題，不一定非要結合前面人的發言來講。這是第一點。

別人臨時叫你，你先嚇了一身冷汗，這是因為你太在意當眾講話這件事了。你害怕被叫起來說話時，自己表現不好。其實，在我們生活當中，被突然叫起來說話，沒有想好怎麼說是一件很正常的事。所以，第二點就是你沒有必要把這件事放大，或者說，你沒有必要把這個問題想得太複雜。試想一下，如果不是你被叫起來，而是你的同事被叫起來，等到散會時，你還會想起你的同事剛才有多麼尷尬嗎？你肯定想不起來的，對吧？

況且，如果是一個特別重要的會議，老闆一定會事先通知大家，甚至會事先安排好必須發言的人。而像你這種情況，說明這個會議本身並不是特別重要，所以你沒有表現好也沒有關係，不要在這件事情上給自己過多的壓力。

記得之前的提問中，有一位朋友在我們的群組裡發言，他說自己在一個小地方工作，不太需要用到過職場表達技巧。可是前兩天，老闆開會竟然要求他們一個個發言，他就用上了「快接慢說」這個方法，而且效果非常好。所以說，根據不同的情況，大家可以選擇適合自己的方法。

Q2

老師好！在公開場合面對大眾講話，或者是在工作中向主管、上級彙報工作，如果覺得沒有把握的話，是不是都要寫好文字稿，然後反覆練習呢？如果是即興發

言或演講，該怎麼辦呢？

A

其實，只要在公開場合下說話，都是某種意義上的演講。老闆或主管來參觀你們部門，你需要講話歡迎一下，或者是其他部門參觀完之後，對方發表了一些想法，你需要對此總結一下，這都屬於即興發言。

那麼，即興發言到底怎麼準備呢？如果是三、五分鐘的講話，一般來說，二十分鐘或者半小時的準備時間就可以了。建議你把要說的兩三個重點以及每一點具體要講的事情寫下來。

如果沒有準備的話，又該怎麼發言呢？按照之前講的方法——「快接慢說」，即便是臨時被叫起來，只要前面有人發言過，你可以根據前面同事講的內容，自己組織一下語言，再借題發揮。

Q3

宋老師，我平時說話做事都特別慢，在日常生活中倒還好，但是在職場上就很困擾。如果我講話速度快一點，就會結巴或者反應不過來，這有辦法救嗎？

A

有的人就是慢郎中，你讓他快，他就是快不起來，這可以理解。想要改變自己講話的語速，這有點難，但也有一些方法，比如你平時可以多做一些「限時表達」的訓練。

「限時表達」就是限定時間來表達，比如要求你必須在三分鐘內把一件事說完。你可以通過這樣的練習，逐步地提高自己的語速。

Q4

宋老師，我們公司正在評鑑去年度的優秀團隊，我很有可能會作為部門代表發言競選。競選稿除了總結去年的工作之外，您認為還有什麼需要注意的呢？如果需要上臺競選的話，要怎麼做才能有力地展現自我呢？畢竟是為部門去爭榮譽，因為參選的部門很多，如何才能確保在競選中勝出呢？

A

這是三個小問題，我一一來回答。

第一個問題，競選稿內容是否完整？你必須請你們團隊的主要負責人幫你把關，看看你總結的內容是否齊全、是否能夠代表整個團隊的工作內容。

第二個問題，你的競選稿是否能體現一個團隊的成長性？團隊的成長性，是證明團隊具有競爭力最有力的一點。你需要思考一下，在過去一年，你所做的哪些工作能夠體現團隊的成長性？成長之處又是在什麼地方？比如剛剛進入職場的新鮮人，經手過哪些工作項目，獲得了哪些成長？另外，你們現在所做的哪些項目能夠為你的團隊加分？強調這些特出之處，能夠讓人覺得你們的團隊和其他團隊相比起來更有實力、與眾不同。

第三個問題，你們團隊的特色和當下公司對團隊的訴求是否匹配？比如你們團隊的創意很好，或者執行大案子的能力很強，這種特質是否和整個公司在新的年度即將展開的公司整體戰略相吻合？團隊過去累積的經驗，是否能夠解決公司的某些問題？

PART 2

自我表達力

只要 15 秒，讓每句話都一說就中

01

自我介紹三大策略及面試地雷

在談自我介紹之前，請你先回答一下這幾個問題：

- 你會做自我介紹嗎？
- 你的自我介紹亮點是什麼？
- 你的自我介紹能讓面試官記住嗎？

不問不知道，一問嚇一跳吧。找工作面試的時候，自我介紹作為第一個環節至關重要，因為它直接決定面試官接下來將對你採用何種面試策略，是對你特別感興趣，想從不同角度多瞭解一些；還是對你完全不感興趣，只是可憐你大冷天跑這麼遠過來面試，走個形式、草草收場。

「自我介紹」是面試官在對你一無所知的情況下，是否願意開啟瞭解你這扇大門的那把鑰匙。在本篇中，我會教你自我介紹的三大策略，讓你能夠大大方方展示自己的優點，取得面試官的肯定。我還會告訴你面試時有哪些細節必須注意，避免被扯後腿。

策略1：根據應徵職位設計內容

我曾擔任過很多主持人大賽的評審，一些參賽選手在自我介紹的環節中，最容易出現的問題是什麼呢？是忘了自己來參加的是什麼比賽。在面試一環的自我介紹部分，重要的是要以自己應聘的職位來設計自我介紹的內容，也就是說，你需要連結自己的個人能力與應徵職位需求。

在這裡必須強調一個原則，即「針對性投餵」。對於面試官來說，他不需要知道你是不是鋼琴十級，但是他需要知道的是你對辦公軟體的掌握程度。把自己身上具備的能力跟職位需要的能力進行有效的對比，這樣的自我介紹才能打中面試官的心。因為面試官最在意的就是求職者為什麼要應聘這個職位，以及求職者對自身的介紹、評價和職位需求是否吻合。

一個人無論能力多強，如果不知道自己面試的是什麼職位，將自己從小到大的個人履歷以及所有的能力都一股腦地拋給面試官，最後的結果只會是「不予錄取」。因為面試官根本無法判斷你所具備的能力是否適合這個職位，所以你準備的內容必須是面試官想聽的內容，而不是你想說的內容。

策略2：具體說明，切忌概述

相信很多人在面試的時候都會對自己有一個自我評價，比如簡歷可能這麼寫：「本人性格開朗，善於與他人合作，英文水準達到聽說讀寫熟練的程度，在校期間積極參與社會活動，做過志工，兼任學校學生會幹部」等資訊。在面試的時候，如果你是這樣做自我評價，就是把自己描述成了「一顆大白菜」。因為聽完上面這些描述後，面試官對你的個人能力依舊什麼都不瞭解。雖然沒有一句假話，但是句句都是空話，因為沒有具體的內容。

我們要用具體的事情來介紹自己。比如說，「本人在大二期間參加了『上學路上』的公益活動，從海報製作到對外聯繫、從活動策劃到媒體報導，都是由我負責」。接下來，你可以順手向面試官展示一下你設計的海報，以及你負責接洽的媒體報導等。如此一來，面試官就會對你有一個清清楚楚的瞭解。

如果你是跳槽就職，那麼，你就要介紹你做過的重點工作，包括專案名稱、時間、你所承擔的具體工作、專案本身的重要性等。比如：

「我在公司主要負責大型活動的策劃與實施，在我工作的三年期間，每一年產業峰會的總策劃都是我，還有兩個區域性的峰會也是由我策劃，最近一次的策劃主題是『AI可以取代我們嗎？』，是以目前人工智慧的發展性為切入點。」

這樣的內容是不是很具體？特別需要注意的是，在介紹個人能力的時候，你需要說具體的事，而不是概括的介紹。

策略3：自我介紹的三種模式

一般來說，自我介紹最簡單的方式有兩種：時間模式和劃重點模式。先說一下時間模式。比如我的一些研究生學生在就職的時候，我通常會提醒他們使用時間軸來介紹自己的實績經歷最好，也就是要介紹自己最近每一年分別做的事。

除了使用時間軸之外，還有一個劃重點模式。在介紹自己的實習經歷的時候，把大公司的名字放在前，重要項目在前。比如大學期間，你在臺積電、鴻海、中華電信等大公司實習過，就要將這些公司的實習經歷往前放，地區性的實習經歷和一些中小企業的實習經歷往後放。

除了時間模式和劃重點模式之外，還有一種模式叫「創意模式」。

我的一個學生從一家大公司跳槽去另一家大公司，他在面試時選擇的就是創意模式。他是這樣說的：「我的經歷可以用2＋3的模式來說明，2代表的是學歷，3代表的是工作。」然後他分別介紹了自己在本科和研究生階段的專業，以及這些學歷與他目前所要應聘的職位的關係。從大學畢業到他跳槽來這家公司之前，他做過三份工作，所以他就挑選了與自己應聘職務有關的內容，進行了自我介紹。

容易搞砸的面試地雷

說完了面試的三大策略，接下來我還要提醒你在面試時需要注意的幾個細節。細節決定成敗，千萬不要讓精心準備的面試敗在一些小失誤上。

◆對準職位痛點

對於求職者來說，知道你所應聘的職位痛點是有利的。你可以事前做功課，也可以通過人脈瞭解一下這個職位的痛點。當你有備而來，談的內容也恰恰是面試官想知道的，就有很大機率通過面試。

◆注意能力差距

在就職的時候，如果你自身的能力達不到應徵單位對於職位的需求，這種情況稱為「能力差距」。這就需要你清楚了解應聘職位的能力要求，對自己的能力也有一個清晰的判斷。你需要將自己的能力與職位能力銜接好。比如，你之前的工作多是接觸一般職員，但是新職位要求你接觸更多中階管理幹部，你就需要考慮如何彌補這個差距了。

◆強調協調能力

可以這麼說，缺乏協調能力，在職場上會大大影響你的工作表現。那麼如何體現你的協調能力呢？我的一個學生在介紹自己的協調能力時是這麼說的：「我可以把公司中不同的部門協調起來，為了完成一個不會有KPI考核的項目，讓每一個人發揮作用。」這樣的能力可不是一般人都有的。

◆有一說一，不可誇大不實

每一個面試者都想通過面試，因此會下意識的美化自己。但需要注意的是，切莫不懂裝懂，誇大自我。因為你無法判斷面試官的來歷，導致「在關公面前耍大刀」了。

我有一次做主持人大賽的評審，一位選手在自我介紹的時候說自己懂日語。在日本留過學的我想請這位選手展示一下語言能力，我當時就用日語說：「你是從什麼時候開始學日語的？」你猜那位選手怎麼回答？那位選手說他今天早上吃了粥和雞蛋，是不是回得很莫名其妙？這位選手說了謊，其實他不太懂日語，只是看過幾部日本動漫而已。

有一說一，不要有一說一百。因為你不知道坐在你對面的面試官會有什麼樣的反應。一旦你誇下海口，面試官要求你現場展示，或者是進一步追問，那你就尷尬了。這不僅影響到你的面試結果，也會讓面試官對你的人品產生懷疑。

另外，在自我介紹的時候切忌誇誇其談。能說和會說是兩碼子事。「能說」是不管對方聽不聽，面試者就一直自顧自地說；「會說」是察言觀色，審時度勢地去表達。你要做後者，做一個善於觀察的人。如果面試官對你所說的內容不感興趣，要懂得適可而止，及時調整思路，而不是自我陶醉。

在面試時，要表現得大大方方，不要太拘謹。講話的時候，你還需要注意音量的大小和咬字的清晰度。如果你平時說話比較大聲，在面試時就注意適當調小自己的音量。如果你平時說話聲音小，就要適當放大自己的聲音，否則一張嘴對方都聽不清楚，那就「謝謝再聯絡」了。先不要說你是否適合這個職位，身為社會人的基本素質可能都有待提升。

總而言之，自我介紹也需要多做訓練。你要知道，有些面試是為了獲得工作，而有些面試是為了增加面試經驗的。面試經驗也是需要積累的，多去參加幾場面試，多見幾回面試官，積累一些經驗，對於訓練自我表達也是非常有好處的。最後，結尾時你需要準備一句話，這句話必須充分概括你的能力和性格。簡潔的黃金收尾句能讓面試官一聽就記住你，比如：「我是一個遇事不慌、做事動腦、辦事靠譜的Z世代。」

02

把握年終總結，提高職場能見度

年終總結是每一個職場人都會遇到的事情，也是一年中在老闆、同事面前最重要的亮相。如今各個公司在年底都會特意安排時間、場地以及設備，把年終總結作為公司最重要的活動來辦。你的年終總結通常是怎麼做的呢？

前幾天我接待了一位朋友，他向我請教，如何才能做一場漂亮的年終總結演講？聊完天後我才發現這位朋友身上存在的問題，是很多人的痛點。他的自我評價是：「實力九十分，講話十九分。」他說自己工作能力超強，敗就敗在了這張嘴上，說話不給力。這不由得讓我想起自己曾說過的一句話：「在職場上幹得好不如說得好來的重要。」

有的人在一年中確實做了不少工作，但在寫年終總結時卻不知道怎麼入手，寫到最後，發現寫的是公司業績一覽表，完全沒有凸顯個人的亮點。有的人日常工作比較瑣碎，感覺很多東西不值一提，沒有什麼亮點，因此年終總結最終也無法避免的走上了「瑣碎、零散、不值得一提」的命運。

那麼，如何把一些瑣碎細小的工作說得更加有條理，聽起來更加高大上呢？以下是四種把芝麻說成西瓜的方法，它們分別是專案法、時間軸法、故事法和資料法。

當然，把芝麻說成西瓜，並不是教你誇大自己的工作，而是幫你理清邏輯思路，將一堆看似瑣碎的工作化整為零，這樣的總結才能凸顯你的工作成果，讓別人看到你工作中的亮點，不辜負你這一年來的辛苦。

項目法：從自己的角度切入

項目法是最適合年終總結這類內容的總結方法了。

對於很多公司職員來說，一年裡手上的工作就是面前的這幾個專案。忙起來的時候，他們很少會去關注同事們是如何協調一致來工作的。到了年終總結的時候，才有機會知道同事們是從哪些不同的角度參與進工作流程的。所以，用項目法做年終總結是最有效地展示自己的方法，也能更好地歸納自己的見解和收穫。

項目法的表達策略，包括以下三個角度：

第一，**職能介紹**。主講人在總結的時候，從自身職位的角度切入最為合適。假如你是負責前期策劃工作的，你從策劃這一職位職能入手，從前期研究調查報告的寫作、委託人的訴求點等不同角度講述項目，一定跟其他同事的視角不一樣，對吧？

第二，**職位銜接**。主要立足於自身職位，在講述過程中，你如何保持與其他職位的有效銜接。比如你所在的是策劃職位，在總結的時候可以基於其他部門同事所講的內容進行有效的串聯。這樣承上啟下的內容表達會讓你顯得很專業，也會讓其他部門的同事在聽到你的發言後倍感欣慰。

第三，經驗沉澱。最好的員工就是完成案子之後還能對工作有所思考，能夠對工作進行覆盤，思考如何減少內耗，節省人力物力，如何能做得更好。帶有自驅力的員工，對於公司來說就是極具價值的員工。

無論今後是否在這個職位上工作，這樣的員工考慮的不是自己，而是工作流程和工作中的注意事項，甚至是整個公司的戰略，會讓你格外突出。

時間軸法：以時間來劃分

年終總結主要是梳理一年中個人的大事記。在這一年中，你一定做了不少工作，那麼，按照什麼樣的邏輯順序來梳理你的工作最好呢？

最方便也最清晰的方法，就是時間軸法。你可以按照時間順序對重要工作進行邏輯梳理。舉個例子，我曾為一家事業單位做語言能力提升的培訓。在培訓的過程中，有一位研究人員在做工作陳述時是這樣說的：「我今年的工作主要分為兩個部分，第一部分是一到四月份在江蘇南京的工作，第二部分是五到十二月在北京的工作。我先來介紹一下一到四月份在南京的工作情況……」

這位研究人員以時間軸和工作地點劃分工作，將時間線與工作內容緊密貼合在一起，可以說非常機靈。用時間來劃分，可以讓敘事更清楚。但是到了具體項目彙報的時候，有些人又不知道該說什麼，陷入了乾巴巴的流水帳困境，這時候該怎麼辦呢？

故事法：讓人印象深刻的故事

年終總結的時候，你最怕聽到什麼樣的內容呢？比如流水帳式的總結是不是很可怕？像下面這個案例：

> 大家好，我來彙報一下這一年我做的工作：一月份我接了A專案，二月份我做了A專案的前期策劃，三月份A專案立項，四月份A項目啟動……

這種年終總結，很多人聽完都會崩潰，是不是？

前幾天，有一位IT公司的中階管理人員找我做一對一的個別指導，指導的內容就是她二〇一八年的年終總結。從她提供的文稿可以看出來，她在二〇一八年的工作內容非常多，一看就是一位特別能幹的中階主管。

可是這份總結的問題也很明顯，她對自己一年來的工作說明都是概括性的。比如說，「這一年我一共接手了三十二個大小專案，還協助同事完成了十二個項目」。

我發現這份總結恰恰缺少了具體內容的表述，佔了四、五頁A4紙的年終總結聽下來能記住的亮點卻不多。那麼，出現這一問題的原因是什麼呢？就是概括性的說明過多了。雖然她做了具體的工作，但是她卻是用概括性的表達方式總結。針對這樣的問題，首先需要釐清主講人自己對於年終總結的表達訴求是什麼。

在瞭解了她的表達訴求之後，我給出了一個解決之策：故事法。

當我提出這個意見的時候，對方的第一個反應是：「老師，年終總結還可以講故事嗎？」在她的印象中，年終總結就是一種最高規格的工作彙報。其實不然，事實上，最好的年終總結裡面一定要有故事、細節、畫面和資料。在有限的時間內，把自己這一年的成績做情節化、故事化的處理，讓聽的人容易產生共鳴，也就更容易聽你說下去，進而也會更容易記住你的亮點。

在這裡說一下如何講故事。一個故事可以說五分鐘，也可以說三十秒，故事的長短跟講話的時長，還有整個講話的內容中不同材料的佔比有關，最為關鍵的是要有情節、細節以及人物。對話是構成故事主幹的核心要素，是語言表達中講故事的重要組成部分。

結合IT公司中階主管的實際情況，最後我們選擇了三個故事。第一個故事，主要是介紹該公司年度最大競標中，關鍵的一分鐘發生了什麼事。在這場競標中，他們公司與其他公司提出的條件其實是差不多的，如果他們不能馬上調整條件，突出自己的競爭優勢，那最後的結果很可能就是流標。當時留給這位主管做決策的時間只有不到一分鐘，但是她在這個關鍵時刻迅速想到了辦法，給出了決策。與此同時，她透過眼神向同事傳達了決心，讓同事不要害怕、不要動搖，最終贏得這場重要的競標。

在總結中，她把這一分鐘如何抉擇、如何跟同事交流、情況的緊迫感等都描述得非常詳細。作為主管，她的快速決策能力一下子就被這個故事凸顯出來。

第二個故事，選擇的是她所在的部門與競品的一次較量。講這個故事的時候，她特別強調當時情況的危急。正當她跟客戶連繫的時候，她的同事打來電話。她把銷售的同事跟她打電話時那種急切的心情都表達得很清楚，也把廣告商對他們的要求講得非常仔細。所以在這個時候，她主要講的是自己如何專業地處理複雜的情況，而這是在他們公司的業務發展當中比較少見的情況。

另外一個小故事是什麼呢？她講的是公司新入職的同事在醫院一邊打點滴一邊協調工作的情景。這個故事想要說明的是企業文化，年輕人剛步入職場那種全身心投入的精神給她留下的深刻印象。

年終總結歸根結底不是故事會，所以不要忽略工作成果的展示。比如，我指導的這位中階主管，她除了講故事之外，也將工作中的資料性內容做了很好的呈現，恰如其分地展示出自己的工作成果。

數據法：量化你的工作

工作其實是需要量化的，最好的量化方法就是資料，所以，資料法是年終總結工作量化的最好呈現方式。工作量化中，最重要的就是「資訊視覺化」的問題，也就是說，需要使用圖表或者動畫。從製作成本上來說，圖表比較簡便易行。

這裡需要提醒大家的是，圖表的規格要考慮到簡報播放的效果。圖表過於細小密集的話，現場的觀眾不容易看清。所以，使用圖表時，最需要考慮的是資料的視覺化以及易懂性，否則就只有自己看得懂，觀眾卻猶如看天書一般了。

在本篇中，我講了四種年終總結的方法，它們分別是：專案法、時間軸法、故事法和資料法。這四種方法適用於不同的表達內容，你可以使用其中一種，也可以綜合起來應用。

年終總結是你在老闆和同事面前最重要的一個亮相時機，也是你向其他人展示自我的一個非常重要而關鍵的機會。如果沒把握好這個機會，對你來說，這一年的辛苦就付諸東流了。讓你的總結給你的老闆或同事留下深刻的印象，一場漂亮的年終總結能為你的人生格外加分，一定要做好最充足的準備。

03

不否定對方，也不委屈自己的高情商溝通法

在職場中與主管和同事就工作事宜進行溝通是我們的常態。有時候，因為一件小事，團隊間竟然需要溝通一整天，低效的溝通耗盡了彼此的工作熱情；但也有這樣的時候，一件很重要的事，反而在幾分鐘之內三五句話就搞定了。同樣是溝通，有的同事說著說著就會大發脾氣，有的同事卻可以輕鬆搞定，這是為什麼呢？

關於職場溝通，我詢問了那些身在職場的學生與同事進行業務溝通時，哪些人最容

易溝通，他們具備的些特點，得到的回覆是五花八門。其中一個學生跟我分享說：「我們公司有一個人特別厲害，從沒見他跟同事因為討論工作而爭執不休，似乎總是順順利利地就把事情溝通好了。跟我們溝通的時候，他經常會說「好呀」、「沒問題」、「這個想法不錯」。即使有時候有的人提出的需求很明顯是不合理的，他也從不直接駁回。表面上看，他好像都是順著對方在說話，但是妙就妙在進一步溝通的時候，由於他是站在同意對方立場的角度上去說話，能夠掌握討論的主動權，反而經常讓發言人自己去發現問題、推翻想法，最終討論的結果更偏向我這位同事的想法。為此我感到很納悶，為什麼同樣的話，他總是說得比我高明？」

這位讓我的學生讚嘆佩服不已的同事，使用的就是「Yes, and」的溝通方法。為了降低職場的溝通成本，提高職場的溝通效率，你需要學習「Yes, and」的溝通策略。

「Yes, and」理論是起源於即興表演的核心。即興表演訓練不僅是戲劇演員的必修課程，也受到各類人群的追捧。身在職場，想在每一次溝通中高效地達到自己或者團隊的目的，不能忽視的就是即興表達的能力。「Yes, and」是一套非常成熟的即興能力的訓練方法，主要訓練你快速反應的能力，特別是帶著幽默感面對工作挑戰的能力。

「Yes, and」理論中的「Yes」是認同並接受對方給你的前提條件，「and」是你在接受這個條件的基礎上，增加自己的想法和內容。那麼，如何活用「Yes, and」這個核心理念呢？以下是具體步驟。

Yes 原則：認同並接受對方的意見

首先是 Yes 原則，「認同並接受對方給你的前提條件」。達爾文曾經表達過類似的觀點。他曾說在漫長的人類史及動物史上，佔優勢的永遠是那些能夠學會合作和即興發揮的物種。

職場中的合作最直接體現在語言溝通上。如果可以在較短的時間內達到最有效的溝通，溝通雙方都會產生積極愉悅的心理感受。無論遇到什麼要求或者想法，要盡可能接受所有的邀請和建議，贊同別人的想法，加入到他們的計畫中去。多說「是的」、「好呀」、「OK」、「沒問題」、「我願意」等，用一切方式表達你的肯定和認同。

當然，我不是在教大家去做職場上的老好人，沒有自我判斷、沒有原則，盲目順從他人的意願，而是希望你在與他人溝通的時候，學會使用 Yes，通過說 Yes 來提高溝通的效率。對所有的事都說「Yes」無疑是不現實的，但請你儘量多說一些。說 Yes 是一個支持別人，並且要去付諸行動的舉動，可以幫助我們避免出現「拒人於千里之外」的問題。

拒絕，是在職場表達中最容易出現的溝通行為。「這樣不行」、「你說的不對」、「這事我說了算」……類似的話，你是不是聽過很多呢？其實，直接拒絕是職場溝通最大的傷害。

拒絕的形式有很多，比如迴避某項工作的討論、切換到其他主題、試圖打斷別人的話語、糾正別人的想法和觀點，提出自己的觀點等。我們經常會在無意識中使用「拒絕」，很多人以為直接拒絕是提高溝通的有效手段，但其實直接拒絕是最容易出現爭執，更容易讓交流雙方轉移注意力，從當前的議題轉移到個人情緒以及對人的慣性評價上。所以，拒絕對溝通與交流的損傷是最大的。

盡可能地說 Yes，除了避免出現拒絕的傷害之外，它還會帶來兩個好處。第一個是向對方傳達了一個友好的信號：「你說的我都聽進去了。」這就達到了同情同理的交流效果，讓對方感受到自己被充分地理解，為談話的氛圍定下了和諧友愛的基調。在這個基調上，你再提自己的想法，對方才容易接受。另一個好處是有利於自己及時調整思維，從而更好地去說服對方。

在現實工作中，阻止我們使用 Yes 原則，讓我們無法去接受和認同他人想法的因素是什麼呢？那就是「先入為主」和「脾氣性格」。

職場溝通中，每個人都是抱著自己的想法與他人進行溝通的，這種溝通前提下，容易使我們陷入「先入為主」的認知裡。我們經常認為「我的想法是最好的，你的想法不行啊」，對於自我想法的深信不疑，是我們與其他人溝通時的障礙之一。

在溝通中，你還需要考慮到每個人的脾氣、個性等因素，在溝通中發揮作用的未必是意見本身，還夾雜著人與人之間的個性較量、脾氣是否相契合等情感因素。比如在你的印象中，同事小張考慮問題時永遠格局小、缺少大局觀點，過分注重細節。你在與他就一些工作事宜進行溝通的時候，就會不自覺地將你對他的印象代入。但是，如果一個人總在其固有的思維裡想問題，就很容易鑽牛角尖，也難以出現新思路。所以只有堅持多說 Yes，你才有可能進入到更廣闊的思維世界裡去。

比如，某公司要進行年終總結。老闆希望這次年終總結大會形式上有一些創新，希望幾個部門去溝通協調，提一個企劃案出來。開會前每個人都會想一些亮點和創意，再去進行腦力激盪。討論時，有人建議加入抖音的元素，增加趣味性；有人建議在年終總結後加一個頒獎環節，請公司的老闆、員工代表或者學校教授來做評審，把年終總結當作一項集體活動來舉辦。

這些建議裡有的創意聽起來似乎有些天馬行空，有的創意聽起來很有意思，但是執行起來有難度。比如加入抖音，你可能會覺得不太切實際，可能會提出反對意見：「抖音的玩法放在年會上比較合適吧，年終總結需要嚴肅一些。」對方很可能就會說你缺少突破精神。

但如果你是這樣說：「加入抖音是個很棒的主意，可以活躍現場氣氛，我很支持，但需要思考一下，抖音這部分是要放在活動的開頭、中間還是結尾呢？」那麼，對方會覺得你非常支持他的提案，同時也會對你提出的建議進行進一步的思考。

這就是「Yes, and」中的 Yes 原則，認同並接受對方給你的前提條件。

And 原則：表達自己的想法，拿回溝通主動權

說完了 Yes 原則，接下來說一下 and 原則。「and」就是你在接受對方想法的基礎之上，表達自己的想法和觀點。

通常來說，我們常用 and 原則來表達自己的想法，拿回溝通的主動權。and 原則考驗的是一個人如何在同意對方的意見之後，依據對方意見進一步推進溝通的進程。

說話比別人高明的人，是首先尊重對方的想法，站在對方的意見基礎上發表看法，而不是直接拒絕對方。雖然你是站在對方的意見和看法之上進行溝通，但這並不代表你是放棄自我、完全聽從對方。因為當你站在對方基礎上發表意見的時候，你可以幫助對方發現他們所提想法的盲點所在。

我們繼續以年終總結加抖音的建議為例。在前面，你提出了關於抖音放在整個活動哪一部分的問題。如果同事的回答是放在開頭、中間和結尾都可以活躍氣氛，而你對此仍有所顧慮，那麼，接下來怎麼說才能讓同事打消想法呢？

繼續使用「Yes, and」溝通策略。你可以這樣說：「你這個加入抖音元素的想法非

常好，放在這樣的場合的確可以活躍氣氛，抖音的動作也比較簡單易學，大家比較不會太難學。」（Yes 原則）先做好情境鋪陳，接下來加入你的個人觀點（and 原則）：「那麼，我們現在可以選出來這三段抖音的舞蹈動作嗎？如果只有一段的話，那我們就放中間；如果有兩段的話，就可以放在中間和結尾部分。」這時候，你的縝密想法可以幫助你的同事發現他思考上的漏洞。如此一來，你的主動表達有效地控制了討論的方向，進而引導對方按照你的想法去執行。

在整個討論的過程中，你始終站在對方的角度考慮問題，並且主動掌握討論的框架，讓其他人在框架內進行交流，這就是「Yes, and」的價值所在了。一輪討論下來，既有效地解決了創意問題，又保證了年終總結的正式性，並且讓溝通在融洽的氣氛中結束，是不是一舉數得呢！

04

不小心說錯話了，怎麼補救？

二〇一八年二月八日，在湖南衛視小年夜晚會直播現場，一段插播廣告中，一位男主持人因為口誤把贊助商的名字說錯了，誤將「交通銀行」說成了「招商銀行」。另一位女主持人梁田反應很快，立刻接口說男主持人的女友有一張交通銀行的銀行卡，火速救了場。

我的學生梁田作為專業的主持人，直播時聽到了同事口誤，她沒有直接指出對方的錯誤，因為直接指出，就相當於將對方逼到了牆角，對於挽救現場沒有一點好處。她在對方口誤的基礎上，巧妙地以將錯就錯的辦法救了場。她的補救意識挽救了自己的同事，挽救了湖南衛視的小年夜直播，也為電視臺挽救了損失。這次救場也成為她個人職業生涯的轉捩點。

身在職場的你，雖然不需要面對類似主持人所遭遇的情況，但也免不了要與同事合作，一起完成對外溝通的工作。比如與客戶溝通談判、向主管做工作彙報，或者是與某些部門協商一起完成某個大專案。

在上述這些情況中，你的表達代表的就是一個團隊，甚至是一家公司。所以，具備危機處理能力，不要讓自己說出去的話成了給自己和別人挖的坑，是很重要的事情。即使是你的搭檔因為一時疏忽不小心說錯了話，你也要學會聰明地避開，去保證整個專案能夠順利進行，讓自己處於一個安全的職場生存環境中。

既然表達中危機處理能力如此重要，那麼如何養成這項能力？如何成功救場呢？以下是訓練播音員和主持人的方法。

要想做一個語言表達的「救火員」，首先要做到資訊的自我過濾，也就是我們在說話的時候，對於自己說出的每一句話要負責任。

前幾天，我幫某集團的優秀員工做培訓，課堂上我們做了一個小練習，就是總結自己所在部門的年度工作亮點。練習中，一位三十歲出頭的小夥子的總結，就體現了他發現「火苗」的能力。他說：

「我們部門這一年做了兩件大事，其中一件是『628專案』，這個專案在國內同行業中處於領先地位。……準確地說，我們的『628專案』的部分技術在世界同行中都是處於領先地位，我們為此感到非常自豪。」

在他發言之後，我問他：「當你說完這個項目在『國內』處於領先地位之後，你後來又說它在『國際』上也是處於領先地位的。這個資訊是你之前就準備好的，還是在說的時候忘記了，於是趕緊補上來的呢？」

他回應：「我們開會的時候，專案主管一直強調『國內領先』，但是我們團隊的張工程師是國內屈指可數的專家，他有一次私下跟我說，我們『628專案』中的部分技術已經達到了國際領先。我在事前準備的時候把注意力放在整個報告上，一時間忘記講了。在課堂上做練習的時候，我發現自己漏了這個關鍵內容，所以後來我趕快補講出來。」

要想真正做好表達，我們不只要時刻關注自己說的話，如果需要跟同事一起合作，也要死死地盯著搭檔說的話。通常來說，與他人一起合作，我們按照職責各管各的即可，但是，這樣的工作模式有一個先天的缺陷，會讓彼此變得不瞭解對方的表達內容，對於概念的表達、定性定義的表達、關鍵資訊的表達無法做到完全統一。所以，深度瞭解並掌握合作搭檔的內容是合作性表達的前提。只有這樣，才能及時發現表達中的「盲點」。

記得有一次，我為一家上市公司的高階主管做培訓，高階主管們要在一週後的發佈會上發表公司最新戰略演講。課堂練習的時候，有一位主管總是說錯關鍵字，比方說「內容反覆運算」，他總是說成「思維反覆運算」，關鍵是他自己說錯了，還完全沒有意識到。在這位男主管後面發言的是一位女主管，她發現前面同事表達的口誤，一上來就開了一個玩笑，她說：「我們張總特別重視這次公司的戰略發佈，在說內容反覆運算的時候呢，他明白只有思維反覆運算才能完成內容反覆運算，把自己的心裡話都說出來呀。」

後來在點評課堂展示的時候，我就表揚了這位女主管，表揚她具有補救意識，表揚她具有發現「火苗」的能力。所以，在團隊合作時，團隊中的每一個人對於工作內容，特別是一點都不能出錯的核心內容，必須要做到全方位掌握。

那麼，發現了「火苗」之後如何撲救呢？這就涉及具體的補救原則了。

補救原則的第一條就是**及時發現錯誤，第一時間救場，第一時間救火**，見死不救要不得。如果發現自己表達時說錯了，必須在第一時間救場。很多人會錯誤地認為補救錯誤實在是有些丟人。但是，明明知道自己說錯了，還不第一時間自我改正，這樣的想法才是錯誤的。

前幾天，某網路公司的一位高層在產品發表會上是首位演講者，他這樣說：「今天，我要認真地感謝各位媒體朋友。北京今天刮了七級大風，特別冷，你們還趕來報導我們最新的產品，所以我首先要特別表揚你們的認真。」當時我在看直播，聽這位高層說這段話的時候，就覺得不對勁，顯然，他在說這段話的時候並沒有意識到自己措辭不當，更沒有意識到這麼說會給別人一種上對下的感覺。

如果他說的是：

「今天，我要認真地感謝各位媒體朋友。說到認真，我想表達此時此刻我發自內心的想法。北京今天刮了七級大風，特別冷，你們還趕來報導我們最新的產品，我要特別認真、誠摯地謝謝你們。」

可能就避免了讓人誤會。很遺憾的是，這位高層沒有意識到自己措辭不當，也沒有巧妙地挽救。

那當你發現自己說錯話了，如何自己補救呢？

有一次，我為一家企業的員工做培訓。有一位員工在做練習的時候就提前跟我說：「宋老師，我很苦惱自己總是記不住內容，在家練習的時候出錯率特別高。」當練習進行到三四十秒處，這位員工就開始出現口誤，越擔心說錯，這口誤就越跟著他。在同事面前，他覺得自己很沒有面子，最後竟然緊張得說不下去。這時候，我接過話頭，一點點帶著他說，最後的三分鐘他已經可以完全獨立地說下去了。

訓練完，我幫他分析問題後，告訴他，發現自己說錯了，只需要立即自我救場就可以了，內心戲不要太豐富。一旦自己的注意力不在內容上，口誤的情況會越來越嚴重。發現自己表達口誤最有效的方法就是「第一時間自我救場，第一時間說出正確的表述」。

在工作中，發現自己的主管或者是同事表達錯誤時，我們常常會這樣想，如果直接去救場，太不給對方面子了吧。其實，這時候我們需要反過來想一下，把錯誤的資訊傳遞出去的損失與主管、同事的面子相比，哪個更為重要呢？因此，第一時間發現錯誤，第一時間改正是最合適的處理辦法。

但這不是要你直接指出錯誤，並且做出糾正，到底該怎麼做呢？這就需要你掌握補救原則的第二條：**救別人的場，幽默捧場最恰當。**

當發現自己的同事或者搭檔說錯了，最棒的補救策略就是將錯就錯地幽默一把。有一次，我去做一場以高鐵通車為主題的直播節目，在直播的時候回答主持人的提問。主持人問道：「宋老師，您看捷運開通之後，使得我國人民的生活半徑擴大了，去北京一個小時就到了，你認為這能帶動哪些帶動消費商機呢？」

主持人把「高鐵」說成了「捷運」，這顯然是一個口誤。我聽完後立刻接過話頭說：「昨天我來這裡坐的是捷運，今天回北京我可就要坐高鐵了。一時半刻我們還真是有點反應不過來，對吧？這不是歲數大了，而是交通方式的快速發展，讓我們有些應接不暇了呀。」

一聽我這麼說，主持人立刻發現自己口誤了！他機靈地接著說：「要不是宋老師出手相救，我這位主持人可要粉身碎骨了，不行，我還沒坐過高鐵呢，這骨頭還得留著。」

後來下了直播，我問他：「剛才是怎麼回事啊？」他說他沒有意識到自己說錯了，當他聽到我說的時候才發現說錯話了，於是他認為與其假裝不知道、騙過去，還不如自己上來幽默一把，這樣處理直播效果一定會更好。果不其然，電視臺總經理做直播總結的時候特意說到這一段，他個人也因為這場直播報導的優秀表現獲得了獎勵。

最後，我還想提醒你注意一點，當我們發現自己或者是搭檔出現錯誤的時候，一定要盡力去挽救。但是，如果拿不準，有些話最好不要說，因為說了不僅起不到挽救的作用，反而還會讓自己陷進更大的坑。

生活中，相信你經常聽到，有人在發現自己說錯話的時候給出的解釋是：「我這人說話不經大腦。」看似是講話的人對自己表達錯誤的解釋，但是潛臺詞是希望得到對方的原諒。事實上，這對於解決表達不當引發的「車禍現場」，沒有一絲正面的作用，反而讓人覺得你是在為自己的錯誤開脫，沒有真正從內心做到自我批評。

還有一句話不要說，就是「我這人說話比較直」。這通常是在職場上，有的人不考慮現場狀況，任性說話之後給對方的一個回應。

我的學生在電視臺裡做主持人，他們那個節目的製片人是重慶人。這位製片人最喜歡掛在嘴邊的一句話就是「我從小是吃火鍋長大的，脾氣暴得很」。他的意思就是我的脾氣天生的，不會改，所以你們不要往心裡去。

這位可愛的製片人以為話說在前，其他人即使被冒犯也不會再怪他了。事實上，這是他個人想當然耳的行為。「說話直」不是萬用的理由，別人在面對你的失控時也不必一定要原諒你。

在職場上，無論是跟同事溝通日常工作，還是跟客戶介紹自己公司的最新產品，只要張嘴說話，誰都不敢保證自己說的每一句話都是對的。在錯誤的表達已經發生的情況下，只有具備了補救意識，利用補救策略巧妙地轉危為安，才能保證你在職場上得到更好的發展。

05 成為高效會議的主導者

職場上很多工作是需要開會才能進行的，有些會議是由明確的負責人組織召開，有些會議是幾位同事湊在一起臨時召開的。一般來說，會議的類型無外乎這麼四類：公司例會、方案討論會、工作分配會以及總結覆盤會。

大家最討厭開冗長和效率低下的會，最不喜歡開會的時候群龍無首、隨便發言。造成以上這些問題的原因，就是會議缺少能夠掌控會議進程、推進討論流程的主持人。優秀的主持人一定是一位優秀的意見領袖，是小組討論的主導者，可以讓會議高效完成，是職場上最不可或缺的人。那麼，如何成為這樣一個人呢？他需要具備哪些能力呢？

主導者需具備的五種能力

第一，**要有時間觀念**。會議主導者從某種程度上來說必須是一個「時間控」。因為以時間作為硬性標準來掌控討論進度，是提升會議效率的關鍵所在。

第二，**要有邏輯思維能力**。很多時候，我們希望各種思維可以在會議上相互碰撞，帶來無限的創新想法。但是，七嘴八舌的討論很有可能將主題帶偏，這就需要會議的主導者掌握目前團隊討論的主題，把控討論的焦點和層次。

主導者任何時候都可以把大家亂七八糟的思路重新拉回到討論的主線上來，同時可以把討論的內容快速整理出來，為下一層級的討論做好準備。

第三，**要有聽辨能力**。主導者的工作內容就是聽取小組成員的觀點表達，根據每個人說的話整理出每一個提案的討論結果，最後將這個結果以文字或者口頭的形式彙報給上級主管。基於這樣的工作流程，主導者必須具備較強的聽辨能力。

第四，要有人際溝通能力。在整個討論過程中，主導者的身份角色比較多元。討論的主導者，首先是一場討論的組織者，同時根據討論的進程和現狀，也會成為進程的掌控者、思路的堅守人以及討論的總結者。在會議的不同階段，會議主導者還需要在這五種角色中來回變化，目的就是為了快速、高效、優質地進行討論，最終取得最好的討論結果。

想要同時扮演好會議上的這五種角色，會議主導者需要具備紮實的溝通能力，保證大家在會議上都能夠充分表達自己的意見，並且協調好每一個人的發言節奏，會議才能夠有條不紊地進行下去。

第五，要有語言表達能力。不是所有人都可以把若干團隊成員七嘴八舌的話，在較短的時間內有邏輯、有層次地梳理並表達出來。因此，會議主導者需要具備一定總結和提煉的語言表達能力。

說完了主導者需要具備的五種能力，接下來就是如何完成主導小組討論的工作了。下面從七個方面說明。

如何主持一個會議

第一，在適當的時候表明自己的角色。同事之間就某些議題進行討論，很少有人意識到這時需要一位意見領袖，也就是一位可以主導這場討論的人。當大家還在思考怎麼討論的時候，你就要為擔當主導者這一功能化角色做好心理準備了。

小組討論人員到齊，大家你一言我一語地說著跟議題有關想法的時候，就是你站出來表明角色的時候了。這時候你可以這麼說：「各位，為了保證我們今天討論的高效，我暫時做個主持人好不好？這樣可以讓討論有序進行，對討論的結果做一個梳理，也方便彙報給老闆。」這樣說的作用，主要就是為了體現主導者這個角色的功能性和服務性。

第二，宣佈討論的規則。所謂的宣佈，其實更多的是明示。爭取到主導者的角色之後，接下來你需要讓自己在討論中發揮作用，那就是制定一些小規則。比如指定時間規則，在正式討論之前，你可以說：「這次討論我需要計時，在議題規定討論時間結束前三分鐘，我會提醒一下大家。」在單獨發言時，你可以說：「我們每個人的發言時間是三分鐘，我會提前一分鐘提醒發言人。」類似這樣的討論規則需要明示，保證每一位參與討論的同事知道如何遵守由你作為主導者的討論會規則。

第三，做好記錄工作。把每位成員發言的關鍵內容記錄下來，是主導者的重要工作，有助於主導者在組員發完言之後，根據對方的觀點提出疑問或者較高的要求。

第四，營造討論氛圍。關於工作議題的討論，遠遠沒有聊明星八卦那樣讓人興奮，對吧？所以，如何營造團隊討論的氣氛也是主導者需要注意的地方。特別是議題的討論遭遇瓶頸，或者是討論進程無法進行的時候，主導者可以根據議題的難易程度以及團隊的討論現狀，對於某個議題是否繼續進行討論做一個判斷。你可以設置一個中場休息的決定，就是暫時擱置一下議題，先把精力放在其他議題的討論上，等到整個討論會快結束的時候，再把這個議題拿出來，進行第二次短暫的討論，總結一下大家的意見。

第五，留意那些發言少的同事。你作為議題討論的主導者，除了要隨時注意討論氛圍外，還需要留意那些發言少的同事。主導者需要鼓勵在場的每一位成員發言，對討論都要有所貢獻，這是會議主導者一項重要的工作。但是，硬生生地點名發言顯然不太好，你是會議主導者，可不是學校裡的老師。當需要轉換話題的時候，你可以這樣說：

「小劉，剛才看你一直在認真寫，我們也想聽一聽你的意見呀。」

這樣的表達有兩個作用。一個是讓討論議題的意見來源更加豐富，正所謂「人多，想法就多」；還有一個作用，就是體現你的人文關懷、你對每個人狀態的關注、你的組織管理能力等。

第六，**做好總結工作**。小組討論的主導者最重要的工作，就是討論結束後完成總結陳詞的工作。在總結的時候，怎麼說才合適呢？邏輯性、條理性當然是必不可少的。

你可以按照發言人的順序分別進行總結，最後再給出你的判斷。比如今天的討論會一共有四個人參加，在每個議題的討論總結時，你可以這麼說：「第一個議題是關於年後最新專案的推進工作。小張建議增加外部合作導演，用於加快拍攝工作；小李的想法是需要再加一個攝影師傅，目前兩個機位不夠用；小王考慮到人手不足和經費問題，建議可以到學校多找一些實習生。我本人的意見是小王和小李的意見最關鍵。主要原因有一……二……三……。」

當然，你還可以總結每個人的發言，比如：「我們小組經過討論認為拍攝進入到實質階段之後，必須增加兩類人，一類是攝影師，另一類是實習生。我們需要新增加五個實習生，如果可以的話，再增加一位外部合作導演。」

當然，在小組成員面前做完總結之後，有一點很重要，千萬不要忘記向在座的成員再次確認他們的發言內容，確認你總結的內容和他們真正想表達的是不是一樣，確保沒有遺漏掉重要細節。你可以這樣說：「以上是我的總結內容，在座的各位可以看看我剛才的總結是否把你的意思表達清楚了，另外，各位還有什麼需要補充的嗎？」

第七，**維持主導過程中的禮儀**。在討論過程中，難免會遇到爭論和分歧。從表面上看，人人都在參與小組討論並發表看法，但是，在意見聽取的過程當中，觀點是否被接受還會跟雙方的私交有關。一般來說，彼此之間更友善、更熟悉或者關係更親密的人，更容易接受對方的觀點。也就是說，即便是只有幾個人參加的討論，也會形成「選邊站」的現象。特別是討論的內容跟討論者有直接利益關係時，人們更傾向於發表對自己有利的觀點，而不是對工作有利的觀點，這些都是非常正常的事情。

討論會是同事之間交換意見的一個機會，也是求同存異的過程，討論最終會形成一個結果，這個結果是一群參與討論者的共識，出現意見不一致的情況是再正常不過的了。作為主導者，你需要有包容不同意見的能力，需要站在更客觀的角度去評析問題。以上這些情況，就是需要主導者在組織討論的時候注意的地方。

總結重點

本篇主要介紹了成為主導者需要具備的五種能力（時間觀念、邏輯思維能力、聽辨能力、人際溝通能力以及語言表達能力）以及在履行主導者角色時需要注意的七個方面（適當時表明自己的角色，宣佈討論的規則，做好記錄工作，營造討論氛圍，留意那些發言少的同事，做好總結工作，以及主導過程中的禮儀問題），希望大家通過這些內容的學習，能夠成為一名名副其實的意見領袖。

06

黃金十五秒表達術

在職場上的溝通與交流中，起決定性作用的往往就是那幾句話，甚至瞬間直擊對方內心深處的就是某一句話。

中國央視著名的節目主持人白岩松說過，無論多長時間的直播，他最看重的是直播前十分鐘——更準確地說是直播開始的第一分鐘。因為開頭順了，後面直播的心態就會好很多。

我的一位學生小張從電視臺辭職後，去了一家網路行銷公司做內容總監。新東家要試一試他的業務能力，於是老闆帶著小張去見了一位特別難伺候的客戶。

談及自己的表達策略，我的學生小張說，客戶一進會議室就一直沒有正眼看過他們，他在發言前心裡想，一定要讓這位刁鑽的女老闆抬起頭來，正視他們的企劃方案，必須要做到「一言既出，必有迴響」。沒有這樣的決心，那就成不了事。

小張說，必須在第一分鐘就把客戶拿住，拉近自己與客戶之間的心理距離，只有這樣，剩下的兩分鐘才能讓對方在心裡更加認可自己的方案。因為客戶只給他三分鐘的表達時間，他說自己之所以能夠拿下這位刁鑽的客戶，所有的成敗其實是在第一分鐘，準確地說，關鍵是開場的十五秒。

他當時是這麼說的：「現在乳腺癌發病率很高，尤其是年齡段比以往提前了許多。很多年輕女性即使受過高等教育，對於乳腺癌所掌握的相關知識仍十分匱乏，讓人很震驚，因此如何將乳腺癌防治資訊有效傳遞給大眾，是行銷產品時最關鍵的一環。」小張說完這句話，原本低著頭的客戶立刻抬頭看他，眼睛裡也露出了期待的神情。為什麼呢？他提到了客戶公司最新產品涉及的話題——乳腺癌。最後，小張順利地幫公司拿到了這位大客戶的訂單。那麼，小張的這十五秒表達策略的靈感是怎麼來的呢？

他說，一進他們公司就看到走廊裡有乳腺癌的宣傳海報，從宣傳詞上來看是他們公司最新的產品，於是就把發言順序和同事做了調換。另外，他還在簡報前加了三張跟乳腺癌有關的圖片。做好了這些準備工作，他就「開門唱戲」，直奔主題了。

由於使用了正確的表達策略，在一開頭，他的發言就抓住了用戶的核心需求。他第一次的亮相相當漂亮，讓老闆也刮目相看，為他在新公司的工作打下了好基礎。

其實，無論是我的學生小張還是主持人白岩松，他們都極其重視短表達的傳播效果，而想要在一分鐘內有效表達，就必須學會十五秒的資訊表達法，也就是「短話輪表達法」。短話輪，就是在十幾秒時間內說完資訊或表達觀點，這些資訊和觀點一定要讓人一聽就懂。通俗一點的說，就是儘量說短句子。

接下來，我們說一下如何用「十五秒表達術」來傳達完整的資訊。一般來說，我們一分鐘大概可以說二七〇～二八〇個字。也就是說，在十五秒內，我們大概能說六十到七十個字。想要提升自己的話語品質，可以把十五秒作為一個語言單位，來表達一條完整的資訊。你可以通過一個個的「十五秒」，不斷練習用精簡的語言傳達資訊和表達觀點，保證自己在表達內容上的完整性和清晰度。

「十五秒表達術」關鍵之處在於提高效率，直達溝通物件的核心，達成溝通目的。那麼，如何運用「十五秒表達術」才能有效表達呢？下面是幾個具體的操作方法。

用十五秒傳達核心「資訊」

說明類表達主要是通過介紹事物的形狀、顏色、結構等基本物理性質的資訊來傳達意思，在十五秒之內盡可能地把想要表達的主要資訊說出來。比如說，你想要介紹一款公司最新上市的保溫杯，想要在最短的時間內讓你的文案打動客戶，你可以這樣說：「小心燙著喲！六個小時前倒進杯子的熱水，現在你打開，依舊是會把舌頭燙掉的，水溫足足有攝氏八十八度呢！這是由於杯膽採用的是304不鏽鋼工藝，超長時間保溫就靠它了。」

你看，這短短的七十七個字，主要就是圍繞杯膽的材質，以及這種材質的優點來進行說明的。主要目的就是通過材質來說明保溫杯的保溫效果，把最核心的賣點「長時間保溫」這個重要資訊點出來，讓人能夠很快聽懂。

除此之外，如果是需要描述人物或者場景，那你的說明中還可以加入描寫性質的內容，比如細節的具體刻畫等。

用十五秒把「觀點」說清楚

職場中的表達以議論類為主，也就是說，在職場上，你需要表達獨立的見解和給出支持見解的例證。因此重點在於，你必須在十五秒中清晰闡述某個觀點，並給出相應的論證過程。以前面小張的那段開場白為例：

「現在乳腺癌發病率很高，尤其是年齡段比以往提前許多。很多年輕女性即使受過高等教育，對於乳腺癌所掌握的相關知識仍十分匱乏，讓人很震驚，因此如何將乳腺癌防治資訊有效傳遞給大眾，是行銷產品時最關鍵的一環。」

小張這段就是典型的議論類表達，他給出的觀點是「將乳腺癌防治資訊有效傳遞給大眾，是行銷產品時最關鍵的一環」。因此，他從「現在乳腺癌發病率高」推導到「很多受過高等教育的女性對此的相關知識也很匱乏」。雖然只是短短的兩句話，但是他通過遞進的論證方式提出了觀點，並對其進行了有力的論證。

議論類表達可以使用的方法，就是開門見山、亮明觀點，給出相應的論證。可以這麼說，「直接」是這類表達的靈魂，不需要迂迴的解釋與鋪墊。通俗地說，就是「直球對決」。

用十五秒說好一個「故事」

職場中很多場景是需要講故事的，講故事需要用到記敘性質的表述。

在使用「十五秒表達術」講故事之前，你要做的第一件事就是做一張人物關係圖，做好故事發展脈絡的梳理工作。然後，在人物關係圖的基礎之上構建故事情節，把故事串聯起來。

在十五秒鐘內，你要抓住的故事重點有以下四點：**人物的心路歷程；事態發展的前因後果；事件的發展過程；最後的結果。**比如你要講述公司拍攝廣告的一段小插曲，來間接證明公司在選擇攝影師上的眼光獨到。按照上面提到的表達重點，你可以這樣說：「我們邀請了新銳攝影師小李為這款產品的代言明星拍照，起初這位明星不太配合，但當他在休息時看到小李拍攝的照片後，頓覺驚詫，欣賞不已，不僅後面拍攝非常配合，還立刻邀請小李為自己拍平面廣告。」

說完了這三種表達類型，相信你對「十五秒表達術」已經有了比較全面的認知。需要注意的是，當你在連續使用四個十五秒鐘的時候，千萬不要認為你所說的就是簡單的內容疊加。實際上，使用「十五秒表達術」之前，你需要有一個清楚的認知，表達最重要的就是言之有物，**少說感受，多說資訊**。

高效的生活節奏要求我們在與人溝通時也要做到高效，伴隨高效的一定是限時表達。因為時間限制不僅施加在主講人身上，同時也施加在主講人試圖說服的交流對象身上。想要利用表達改變一個人的看法，首先要引起他的關注。想讓他持續關注你，除了利用上面講到的「十五秒表達術」，還要注意一點，那就是在表達過程中，真誠的態度和誠懇的眼神也能為你加分。

在職場上，有些交流與溝通有機會練習，但是有些職場表達只有一次機會。面對這樣僅有的一次機會，甚至是決定團隊、公司命運的機會，對於主講人來說，如何在短時間內表達出有品質的內容，就顯得非常重要了。

07

如何表達專業內容，讓一般人也聽得懂？

我曾為一家頂尖學術單位做語言培訓工作。在課堂上做練習的時候，一位研究人員提到了一個學術概念——「資料採擷」。關於這個概念，她解釋道：「我們在日常生活中點外送時，點了什麼菜，都會被平臺記錄下來。比如前天你點的是紅燒牛肉麵，昨天是宮保雞丁蓋飯，今天是麻辣燙。你還經常在一些餐點後面加備註，要求店家加蒜加辣、不放香菜。作為使用者，你的消費內容和消費細節都會被資料記錄，同時也會成為資料採擷時的研究內容之一。」

總結點評時，我說：「帶有一定專業內容的表達，最需要注意的就是讓不懂這個領域的普通人也可以毫不費力地聽懂。」那麼，如何才能讓普通人聽得懂專業內容呢？這就需要主講人在內容講解時注意口語修辭的使用。

剛才講到的那位研究員，在解釋「資料採擷」這個比較學術性的概念時，就用到了類比的口語修辭方法。通過我們日常生活中觸手可及、經常發生的消費行為——點外送，介紹了資料的形成過程，以及哪種資料會成為資料採擷的重點。她用貼近生活的例子消除了專業概念帶給聽眾的距離感。

專業性的修辭手法非常豐富，但是對於一般人來說，掌握起來有些困難。我把專業化的口語修辭手法與職場表達這一特定場景相結合，在此介紹三種適合職場語言表達的口語修辭方法。

比喻法：以A喻B，找出關聯性

在很多新聞中，我們都能看到「比喻」這種口語修辭方法的運用。在新聞記者的採訪對象中，各個領域的專業人員占大多數。為了能讓普通觀眾聽懂專業人員說的話，記者在撰寫新聞稿件或者採訪時，最重要的職責就是做好「翻譯工作」，也就是專業內容的語言轉化工作。其中，最便捷的方法就是「比喻」。

中國央視記者何盈在一次做候鳥直播時，採訪了一位鳥類專家。何盈問，為什麼早上我們必須離黑頂鶴群這麼遠？專家說，清晨時，鶴的體溫沒有上來，如果我們貿然接近它，對它的身體會造成影響，所以儘量不要去干擾它。聽專家這麼說之後，何盈說，這是不是有點像我們早上正睡得熟，有人突然掀開你的被子，或者是啪地拍你一下，讓你嚇一跳。在清晨的時候，鶴是最敏感的吧？

專家聽何盈這麼理解，連連點頭，說了三個「對」字。

專家在回答何盈提問的時候，本意就是要進行科普性質的解釋，可是專家的解釋還是有些學術，畢竟普通老百姓對鳥類的生活不太瞭解。這時候何盈將專家所講的內容進行了通俗化的講解，把我們日常生活中的體驗以「比喻」的形式說出來，把鶴比作了人，觀眾瞬間就明白什麼意思了。利用「比喻」這一修辭方法的關鍵之處是找關聯，找出專業性的事物與日常生活中我們熟知的事物之間的相似之處。

類比法：強調某特定方面的相同或不同

類比是根據兩個或兩類物件在某些屬性、關係上的相同或者不同，推出它們在其他屬性、關係上的相同或者不同的判斷。要做類比的話，看似需要大篇幅複雜、嚴謹的論證過程，那麼，它是否適合用在口語表達環境中呢？

其實，我們在職場表達中經常會用到類比的方法。比如介紹某公司的最新產品，尤其是科技含量較高的新產品，對於一些不熟悉新技術、新體驗的用戶來說，想要理解主講人對於新產品的闡述，只能通過已有產品的體驗來理解。

舉一個例子，今日頭條在推出新社交軟體APP「多閃」時，為了方便用戶理解新產品的優勢，主講人在介紹時就結合了大家已經熟悉的「抖音」以及其他社交APP的操作功能：

「過去我們分享的路徑，是用手機的原生相機拍攝圖片或者影片，然後用修圖軟體處理，最後再在社交平臺上發佈。這就意味著『分享』是深思熟慮、精心挑選的結果。這其實是社交壓力的體現，這種分享的核心目標是維持『人設』而不是真的記錄分享我們的生活。從設計上，我們希望用戶能夠最快速地實現對於生活的記錄和分享，把之前需要好幾步才能完成的流程壓縮到更短的時間內。打開『多閃』，中間的按鈕就是拍攝，拍完之後一鍵就能發出去，讓你分享的時候流程更短，顧慮更少，也不需要考慮『人設』，分享的壓力更小。」

我們來分析一下她的口語修辭表達策略。多閃的最大特點是「減少分享的社交壓力」，怎麼說才能讓我們瞭解這點呢？這一部分主講人就採用了類比的方法。從以往的產品使用路徑由此帶來的社交壓力，導引到「多閃可以解決社交壓力問題」的這一結論。

誇張法：煽動聽者的注意力和情緒

誇張是故意用一些比較誇大的表達來描述或者形容事物，這麼做的目的是為了啟發觀眾的想像力，進一步加強主講人說話的力量感。在職場表達中，誇張手法的使用具有一定的鼓動性和煽動性。

由於誇張這種修辭手法強勢有效，可以在最短的時間內達到對觀眾的較強刺激作用，因此它有助於觀眾更加直觀、有效地理解主講人所說的專業內容。

TED有一期演講，題目是〈群體性孤獨〉（*Alone Together*），主要分享的內容是現代人們已經離不開各種社群平臺，網路平臺讓越來越多的人建立起了聯繫，溝通也看似越來越簡單，但我們是否因此擺脫孤獨了呢？演講中有這樣兩句話，主講人正是使用了誇張手法。

「我相信，並且想要向大家說明，我們正在放任科技，它將我們帶入歧途……我們正在為自己挖一個陷阱，這個陷阱無疑會影響人與人之間的聯繫，同時也會影響我們和自己的聯繫，降低我們認識和反省自己的能力。」

「放任」「歧途」「挖陷阱」這些富有誇張意義的詞語的使用，目的只有一個，那就是為了刺痛觀眾，立刻引起觀眾對於她所講內容的關注。

在相對比較嚴肅的職場情景中，誇張手法的使用原則是適度。一旦超越了某些底線，小到導致項目無法進行，大到使公司命運陷入暴風驟雨之中。誇張手法使用的原則，相對來說比較好判斷，那就是「不要在事實上誇張」。

其實，專業化內容的呈現，還需要考慮的就是場景和文體。你想把專業內容講給誰，針對不同的觀眾，你所要使用的表達方法就會不一樣。觀眾不同，即便是同一份簡報，主講人對於專業內容的解釋也要有所不同。比如我講語言表達，如果是講給媒體從業者聽，在專業詞彙的表達上可以複雜一點；如果是講給普通學員聽，概念的解釋要以日常工作、生活場景為主。

在這裡，需要注意的一點是，即使面對同領域的專業人員，也要儘量採用通俗的講話方式，降低理解障礙。

我曾為一家技術公司的老闆做過一對一的培訓。這是一家做區塊鏈技術的公司，老闆和一些高管經常要去參加一些論壇。他們來諮詢時就問我，為什麼他們每次在論壇上講得津津有味，但是下面的觀眾聽得糊裡糊塗，到了互動環節，現場更是鴉雀無聲。後來，我發現他們對於專業內容的表述，僅僅停留在專業解釋層面，而不是專業科普上。雖然聽眾都是工程師，按理說，理解他們的專業內容不會有什麼障礙，然而我們要知道，研究越往高走，專業就會分得越細。而細分領域最前沿的研究，很可能就只有那麼一小群人在關注，同時也很可能只有他們能理解，所以即便都是相關專業的工程師，也可能會存在著理解障礙。聽完他們的試講之後，我給出的解方就是建議他們多用「比喻」和「類比」這類口語修辭手法。

專業化和書面化的內容容易讓本來艱澀難懂的內容更加難懂，所以說，如果想讓非專業化的人聽得懂，我們就需要多用口語化的表達。而在使用口語化的表達時，多使用一些常用的口語修辭方法，會讓我們的表達更接地氣，更能打動觀眾的心。

職場表達診療室 2

Q1 在面試的時候，當被面試官問到為什麼離開前公司，以及為什麼選擇這一家公司的時候，該如何妥善回答？

A

在回答這個問題之前，請你先想一下，如果你是面試官，你最不願意聽到的理由是什麼呢？例如對於前公司的抱怨，特別是情緒化的抱怨。如果你的話語裡滿是對前公司的各種抱怨，那麼無論你說什麼，都會讓人覺得你是一個充滿負能量的人。如此一來，面試官的第一個印象可能會是你對周圍環境的要求比較挑剔，所以千萬不要做這件事。

但如果你說自己離開的原因，是覺得在前東家沒有上升的空間，能夠得到鍛煉和學習的機會太少了，已經看到了天花板，需要一個更高的平臺讓自己獲得更多的鍛煉，這個理由是成立的。當你把辭職的理由歸因到你想提升自己的能力，而原來的公司無法滿足你的需求這一點上，就會顯得比較好。當然，你還可以談一些比較客觀的原因，比如說交通、房租問題等。

那麼，為什麼要選擇這家公司呢？你可以說一下這家公司在該產業中的優勢，比如說在這個產業的地位以及發展優勢等。另外，你可以結合自己的職業規劃，比如說你的個人目標與這家公司的目標比較一致，你想要提升的能力和所要應聘的職位很契合，該職位也正好能滿足你自身的發展需求等。但前提是你要對你所應徵的職位有足夠的瞭解，進而將自身的優勢和職位的需求結合起來，就比較容易打動面試官。

Q2

宋老師您好，我目前在一家新創小公司工作，近期由於工作業務進行重新調整，我的工作範圍進行了重新劃分，感覺自己擅長項目的比例縮小了。我想找老闆談一下，看看有沒有調整的空間，但是，我又怕老闆覺得我很在乎個人的利益。而事實是，新方案一旦實施，我的薪水確實是變相地降低了。我很想找老闆溝通，但是又沒有勇氣，不知道怎麼說比較合適，也怕惹老闆不高興，氣氛變得尷尬，所以想請問老師有沒有一些說話的技巧呢？

A

在職場上，每次溝通的發起，通常都是基於你自身的一個溝通需求。你必須讓對方在跟你溝通的過程中感受到，你不是為了「自己」來跟他溝通，你是為了「對方」來跟他溝通的。也就是說，你要站在對方的立場來跟他溝通這件事情，對方就會更容易接受。

因此，你要讓老闆覺得你溝通的出發點是站在他的立場，比如說，這個工作難以推進，會影響到公司什麼業務。你要讓老闆覺得你是在提醒他、幫助他，才能漸漸達到你的目的。

另外，你有沒有覺得這次溝通談的主題有點多呢？一個是你的工作內容，一個是你工作績效的考核，還有一個是你個人的薪資收入。突然把這麼多內容拋給老闆，一下子他也會覺得難以理解吧。所以你需要在諸多訴求當中，選擇一個你最想解決的來談。如果一股腦地都拋給老闆，他未必都能解決，這對你來說也未必是一件好事，你必須再考慮一下。

Q3

宋老師，最近公司空出幾個職位，符合條件的可以申請。論業務能力，我不輸其他人，目前在部門中也是業務主力，但論年紀的話，我比其他人小。我想先找主管談談自己的想法，也聽聽主管的意見。請問，這類談話應該注意什麼呢？

A

在你的提問裡有一個細節，你說你的業務能力不錯，是業務主力，符合競選條件，這些都是你從自己的角度去說的。那麼你有沒有考慮換一個角度去想，站在老闆和主管的角度來看，他們需要的是什麼？你必須思考的問題包括：這個職位之前的同事哪裡做得不好、哪裡做得好？做得不好的地方，上層哪裡不滿意？針對這些問題，你是否能提出一些合理的建議，或者是一些具有可行性的解方？

關於年齡小這一點，倒不是什麼不利的條件，很多職位未必都是按資排輩的。總結的說，我認為談你個人的能力有多好，這些東西放在最後再來說。你要先站在老闆的視角來看這個職位，以此作為切入點來談，重點在於你要讓他覺得你是來幫他解決問題的。

Q4

宋老師您好，我想諮詢一下，我是採購出身，現在公司給我機會讓我來經營社群、帶團隊。我之前沒有帶團隊的經驗，所以感覺帶團隊和管理都是個大難題，我說話還有改不掉的口頭禪，該怎麼辦呢？作為團隊的領導者，該如何和下屬溝通，才能更好地推進工作呢？

A

關於這個問題，你可以換位思考一下。即使身為管理者，我們也還有另外一個身份，那就是我們也是別人的下屬，對不對？那做為別人的下屬，我們希望自己有個什麼樣的主管呢？你往這個角度去想，就能找到答案。

前幾天，我去深圳出差，接觸了一個團隊，其中一位團隊成員跟我聊天的時候，以一種相當讚許的口吻說：「我們老闆特別會思考。」你是不是一個特別會思考問題的人呢？你在分配工作的時候，是否能把所有問題都考慮周全？你是否能體諒到團隊裡的每一個人？比如說有的人家裡有困難，如果你安排的工作太多的話，他肯定完成不了。在這種情況下，你還把重要任務交給他，這就是你在人力調配上的思慮不周了。

剛剛晉升管理職位，你的能力很可能會出現不足之處。你以前可能是業務能力特別強的人，但是做了主管之後，你還需要具備管理能力和帶領團隊的能力，而在這方面你恰恰是一個新手，你需要快速補給這種全新的專業知識。你在一個新的工作職位上，如果知識儲備和專業能力不夠，這時候無論你多麼努力，都是沒有辦法達到目標的。這時候你最需要的是什麼呢？多學習新知識和新方法，補足你的能力不足之處。

在我看來，帶團隊就是立規矩，一定要賞罰分明，不能朝令夕改，想一招是一招。當然，帶團隊還有很多方法，你可以去上一些跟管理有關的課程，也可以向身邊管理工作做得比較好的同事學習，向他們取經。

至於口頭禪這個問題，之前我在訓練學生即興口語表達的時候，也遇到過一個這樣的學生，他能在十二秒內說二十次「這個」。比如他會說：「今天我們來談一下這個問題，這個問題大概有以下這三個方面，我們來看一下這個關於第一個方面的項目。」你聽著是不是感覺很煩？

面對口頭禪，你要從內心深處正視這個問題，然後認真把它當作必須要改正的問題去對待。你跟別人聊天的時候，可以把自己說的話錄下來，回去聽，然後自己去糾正自己。真正想解決這個問題，還是要看你自己的決心有多大。

PART 3

資訊識讀力

懂得傾聽，降低溝通難度

01 什麼是主觀感受和客觀資訊？

「資訊」與「感受」是完全不同的兩個概念。資訊作為新聞傳播學中的概念，由美國數學家、資訊理論（Information theory）的創始人克勞德·香農（Claude Shannon）提出，資訊就是用來「消除不確定的東西」。

這個概念應該怎麼理解？比方說對於從來沒有使用過手機的人，他們看到你手裡拿的東西，就會問你這是什麼，你告訴他們這個東西叫手機。那麼，「手機」這個詞，就是用來消除他們內心對於你手上這個東西的不確定感。在職場上與人溝通交流時，獲得的有效資訊越多，不確定的東西就會越少；對於個人來說，你掌握的資訊越多，就越容易獲得成長。

比如說，你是一位室內設計師，接到設計工作之後，在跟客戶談房屋裝潢的設計圖之前，你肯定會和客戶聊一聊，內容可能會包括他的經歷、需求，甚至個人愛好等。你知道的越多，就越能釐清很多資訊，比如客戶對裝潢風格的要求、預算有多少等。

那麼，什麼是感受呢？我們經常會看到一些美食 Youtuber 這樣說：「這家的麻辣燙太好吃了。麻醬裡除了放好多花生醬外，還放了一點糖進去，搭配的絕妙，一吃就停不下來。連媽媽也調不出這麼好的味道。其中關鍵是麻辣湯底上面淋上兩匙調好的芝麻醬，再加上一匙蒜末，在嘴巴裡的味道有多種層次，簡直爽翻了。」

聽完這段話，你是不是不自覺地吞了下口水呢？感受性的表達最大的特點就是讓你產生某種情緒，如高興、開心、驚喜，或者是悲傷、痛苦、沮喪。感受性的表達可以給你帶來某種程度的情感波動。很多人在說話的時候，容易把客觀資訊和主觀感受混在一起說，導致聽眾在接收內容的時候無法判斷哪些是客觀事實，哪些是主觀感受，就會讓聽眾做出錯誤的判斷。

人們說話時容易把資訊和感受夾雜在一塊，可是作為聽者的你，要有一對聰慧的耳朵，聽別人說話的時候，你得準備兩個接收通道：一個接收訊息，做出客觀判斷；一個接收感受，做出情感回應。

你讀讀看下面這段話，試試看如果不做區分，你讀完後會有什麼感覺？以下是一款可調色檯燈的產品介紹。

我們這款檯燈可以發出八百種顏色，擁有它，你就可以在客廳、臥室、書房自由打造你想要的氛圍。在客廳，你可以選擇維也納色調，亮度較高；在臥室，你可以選擇薰衣草色調，有助於調整睡前的生理狀態；在書房，你可以選擇峇里島色調，讓你在電腦前工作時，有助於保護眼睛。

想想看，如果你想擁有八百種不同顏色的檯燈，你是不是得買八百個檯燈呢？可是今天你只需要買一盞，就可以達到這個目的了！透過專屬APP，讓你可以根據需要自由選擇，直接調整你想要的燈光顏色，是不是很棒？

聽完這段介紹，是不是覺得它講了好多內容，並且覺得這個檯燈很酷炫？我來幫你打開兩個聽覺通道，重新分析一下這段介紹。

其實這段話只有兩條客觀資訊，一條是這是一款運用高科技方式打造的檯燈，可以發出八百種不同顏色的燈光。另一條就是可以透過APP的按鍵調整檯燈的燈光顏色。你之所以聽得雲裡霧裡的，是因為在這長達一分鐘的介紹詞中，除了上面兩條客觀資訊外，其他內容都是以資訊作為包裝的感受性表達。

比如：「在客廳，你可以選擇維也納色調，亮度較高；在臥室，你可以選擇薰衣草色調，有助於調整睡前的生理狀態」，說話者把自己使用檯燈的體會、感想轉化成了介紹檯燈功能的客觀資訊，這恰恰是說話者給聽者造成認知錯覺的地方。

試想一下，我們生活中使用檯燈只有一個基本目的，就是借著燈光看東西。那麼，這八百種顏色對我們來說用處大嗎？其實並不大。所以，我們在聽一段話的時候，要學會鑒別哪些是客觀事實，哪些是主觀感受，不要被標新立異的產品介紹輕易「騙」了。

想要快速鑒別出一個人在說話時哪些是客觀資訊表述，哪些是主觀感受，最便利的方法就是多看新聞報導。因為按照新聞報導的原則，記者的內容應該以資訊為主，目的就是為了要讓觀眾瞭解新聞現場。所以，從觀看新聞報導開始，練習辨別資訊的能力是很好的辦法。

接下來我要舉的例子是一位記者在茶葉市場採訪一位專業人士，教觀眾如何去鑒別茶葉的過程，這也是典型的客觀事實與主觀感受明顯分開的表達。

記者說：「剛才這位老師告訴我們，今天一共有十幾種茶葉，這邊有三種比較典型的。這些是什麼茶葉？」專家說：「這個代表的是龍井茶，你看是條形的；這個代表的是安吉白茶，是捲曲形的，外形各不相同。」

記者又說：「我知道，大家肯定很關心以龍井茶為代表的扁形茶，什麼樣的標準才是好茶？」

專家介紹說：「首先，就是看它的條形是否大小均勻一致；其次，既然是扁形茶，要看它是否扁平挺直；再次，就是從它的色澤上看，你瞧它就是翠綠色的；它有沒有梗、片這些雜質，以此來看它是否完整，從而鑒定這個茶葉好不好，所以最後還要看一下它的外形。至於茶葉，還得看它的湯色，對吧？在這個過程當中，你要看一下它的葉子是不是非常成熟、完整。」

記者說：「我們可以看到每一片茶葉落下來的過程都非常優雅，而且每片都是完整立體的。我現在把這個茶葉拿到鼻子上一聞，可以說非常清香。」

你能聽出來哪些是客觀資訊，哪些是主觀感受嗎？

其實在介紹茶葉辨別方法的時候，一直到看到茶葉在茶杯裡一片一片落下來之前，記者和專家之間的對話都是客觀資訊。直到記者把鼻子放在茶杯口聞了一聞，感覺味道很清香，這時候是記者的主觀感受了。

職場上想要說得好，會聽很重要，特別是學會聽客觀的事實和資訊，不被他人主觀的感受牽著鼻子走。掌握客觀事實或資訊的目的是為了做出清晰的判斷，如果把對方的主觀感受當成了事實或資訊，那一定會直接影響你的判斷，後果是不堪設想的。

那麼，職場上如何把感受從資訊中剝離出來呢？我教你一個方法：**事實是陳述性的表達，感受是描述性的表達。**但是，陳述性的表達與描述性的表達如何區分呢？

描述性的表達中，感性的詞彙比較多，大量的使用形容詞、程度副詞，說話時個人情感的內容為核心內容。當你聽完感受性的內容之後，你是否產生了共情心理？你是否跟說話人一起開心、痛苦、遺憾？如果你很快地陷入了某種情緒或情感裡的話，說話者的情感共振的目的就達到了。因為說話者的感受性表達在你身上起了作用。而陳述性的表達，即「主謂賓結構」的表述裡以名詞和動詞為主，聽完之後你僅僅是知道了一個事實、知道了一個事情而已。

基於我上面講到的兩種目的不同的表達方式，如果你不想被演說者的情感牽著鼻子走，就要學會在聽的過程中，主動去區別哪些是描述性的表達，哪些是敘述性的表達。

一個比較簡單的方法，就是把講話中那些形容詞、副詞以及講主觀感受的部分都剔除掉，然後你再來看剩下的內容究竟說了什麼客觀事實，這就幫你把情感從資訊中剝離出來了。

02

聰明聆聽的關鍵，在於抓到說話重點

我的學生Z在電視臺工作，為了製作元宵節特別節目，主管在電話裡和他溝通企劃案。主管一會兒說節目需要創新、多加素材，一會兒又說創意不合適，素材太雜亂。兩個人足足花了一個多小時，最後也沒討論出個結果來。Z抱怨說，這位主管說話最大的問題就是說不清楚意思，讓人抓不住重點。

如此艱難的溝通交流場景，你是不是也經常遇到？你身邊是不是也有這樣的主管或者同事？他們無法用語言把自己的想法準確簡練地表達出來，說話時沒有中心句，總是為了表達某種觀點反反覆覆地說；或者說話沒有層次，邏輯跳躍得毫無章法可言。

其實，職場上每個人的語言表達能力各有不同，遇到說話條理清楚、邏輯清楚的人，我們自然感到慶幸。與這樣的人合作，彼此之間能夠順暢溝通，做好工作。反之，遇到表達能力弱的人，該怎麼辦呢？作為聽者的我們，只有具備了抓住表達主旨的聽辨能力，才能做到高效溝通。本篇我們就來說說「表達主旨」聽辨法。

所謂「表達主旨」，就是一個人講話的最基本意圖。我們先來讀下面這段話，來判斷一下說話人的表達主旨到底是什麼。

> 今天中午，我只吃了一個刈包，下午三點的時候肚子就開始咕咕叫了，課實在聽不下去，所以我就趕緊點了外送。但是，我的天哪！現在都六點了，外送員是迷路到哪了？

你能明白說話人的表達主旨嗎？

我們一句一句地來分析。第一句「今天中午，我只吃了一個刈包」，意思是什麼？吃得太少了。第二句「下午三點肚子咕咕叫」，言外之意就是餓得很早。第三句「現在都六點了」，又發出了抱怨，這是在說自己等飯等得很著急。

分析完每一句的意思後，你會發現，說話者雖沒說一個「餓」字，但是他所說的話都是圍繞「餓」來展開的，所以這段話的表達主旨可以用五個字概括：「我要餓死了。」

聽者如果能夠抓住並且把握對方的表達主旨，可以幫助自己快速地做出回應和判斷；如果無法抓住或是把握對方的表達主旨，一定會增加溝通的成本，甚至掉進溝通的萬丈深淵，導致工作無法順暢地進行下去。

想要抓住說話人的表達主旨，需要以下三個步驟：

第一步：記住溝通對象的身分

先問問自己，溝通對象是誰？作為聽者的我們，需要建立「見什麼人，說什麼話」

的溝通意識。很多人在溝通的時候，注意力會隨著所談論的議題發生轉移，這就會引發情緒的變化，經常說著說著就忘了自己是在跟誰說話，不知不覺地陷入了自我表達的邏輯中，沒有以正確的身份與對方溝通。

比如開頭提到的案例，我的學生Z與主管在電話裡溝通元宵特別節目的事。Z跟我抱怨說：「宋老師，每次我跟他講完電話就很生氣，總是不知道他到底想表達什麼。」

我提醒Z：「你們講電話的時候，你是否還記著『電話那邊是你的主管』這一點？」Z說：「我有時候說著說著就忘了他是我主管這回事了，注意力都放在他說的話上，越聽越生氣。」於是，我糾正Z說：「你在跟主管講電話的時候，注意力不要放在主管的語言表達能力強弱上，而是在明確對方身份的同時，把更多注意力放在他所說的內容上。」

明確身份之後，接下來就是抓住表達主旨的具體聽辨方法。

第二步：把訊息做「分類」

有個場景你一定很熟悉：每逢開會的時候，主管經常會說「我今天簡單地說幾句」「我從三個方面來談一下」，結果，一個多小時過去了，主管才說完第一點。這是說話沒有時間觀念、沒有邏輯脈絡的最典型表達行為。

在聽這類人發言的時候，如何抓住說話人的表達主旨呢？那就是自己在心裡把說話人的訊息做隔間，隔成許多小單元。

什麼叫「把訊息做隔間」？舉例來說，一些房東為了把房子租給更多人，常常會把一套兩房兩廳的房子做更多隔間，改建成好多個套房，租給更多的人住。就像在聽辨訊息裡，我們為了減少由於資訊雜亂造成的困擾。聽者按照自己接收資訊的習慣，將散亂無序的資訊做有形的「隔間」，也就是「分類」，方便聽者更好地理解資訊的內容。

那麼，幫訊息「分類」的方法有哪些呢？

第一是「時間法」，例如說話者講自己從銷售員做到部門經理的經歷，無論說得多麼瑣碎，只要用上時間法，就能把握表達主旨。比如，他第一年剛進公司，職位是銷售員，等到第三年他成了首席銷售員，又過了五年，他做了部門經理……使用關鍵字一、三、五，就是通過時間法來幫資訊做分類。第二是「地點法」，地點法就是把說話人零散的講述，以各個發生地為準，來幫資訊做區隔。

第三是「進程法」，也就是「自訂方法」，即通過自我定義，把說話人表述的內容進行歸類。比如加入第一階段、第二階段、第三階段，外部環境和內部環境等小標，便於區分。

第三步：協助對方理順脈絡

除了把訊息做好分類，將溝通物件理順脈絡，也是抓住表達主旨非常重要的一點。在與人溝通時，自始至終有表達邏輯的人是非常少見的，緊緊抱著邏輯脈絡去溝通的人也不多。特別是在日常繁忙的工作中，如果在溝通時缺乏表達邏輯，就會浪費大量的時間。如果沒有時間限制，兩個人在潛意識裡會想，「我們隨便聊一下」或者是「我們先做個簡單的初步溝通吧」。有了這種意識，兩個人對於提高溝通的效率就沒有那麼強烈的願望了，也會讓說話的雙方不再死死盯住邏輯脈絡這根弦了。其實，越是輕鬆交流的氛圍中，越需要緊抓著邏輯脈絡這把溝通的鑰匙。

只要是兩人或者兩人以上的溝通，通常都帶有推進某個進程的交流目的。我在「如何成為小組討論中的主導者」中也提過，處於溝通中的兩個人，必須有一個人是能掌控交流進程的。A、B兩個人可以有一個人負責掌握，也可以在溝通時輪換地來掌握。幫助說話人理好脈絡，就好像給小姑娘編辮子一樣，可以將一頭長髮有序地編排整齊。

如果是一對一的交流，還有一個妙招可以使用，那就是「最後確認法」，這是我在工作中經常使用的一種方法。這就有點像大家去餐廳點菜，先拿著菜單，邊看邊點，看到什麼就點什麼。等菜都點完了，店員會再跟你確認一下你點的菜。這時候，你才會仔細思考菜點的夠不夠、有沒有點的不合理的地方。

事實上，在職場溝通中養成「最後確認」的工作習慣很有益處，一方面可以幫助溝通雙方明確談話的議題以及最後的討論結果，另一方面可以讓大家都做到心中有數，有利於明確表達主旨。

比如，有位媒體同行打電話給我說，他們打算定期請各界人士，針對節目進行專業評鑑。但他們之前沒有做過，不太清楚怎麼做才好，所以來向我請教。我跟他聊了二十多分鐘，要掛電話之前，我使用了「最後確認法」。我知道他是第一次做這件事，對於很多的操作缺少經驗，如果我不幫助他理順整個談話的主旨，很可能掛電話後，對方還是會有很多疑問，會再打電話過來。這是不是就在無形中增加了溝通的成本呢？

總結重點

如何抓住對方表達的主旨呢？首先是明確對方的身份，時刻提醒自己對方是誰；其次是給訊息做分類；最後是協助對方理順脈絡，最有效的方法是「最後確認法」。學會了這幾點，你在溝通時就能快速理清思路，抓到重點。

03

先自問再提問，抓出話裡的「資訊缺口」

在日常工作交流中，聽辨能力除了能幫你理清講話人表達的主旨外，還能幫你判斷資訊的準確性和有效性。

比如說，你的同事在跟你協調工作項目，故意隱瞞了一些關鍵資訊，或是不經意間漏掉了一些資訊，你能聽出來嗎？如果對方是你的主管，對於他所說的話，你是否能夠快速地做出判斷，哪些話可以作為判斷的依據？哪些話又是主管為了向下管理、虛張聲勢，說出來嚇唬人的？

為了解決這些問題，必須要瞭解「資訊缺口」的概念，從而做好資訊的判斷和篩選。

我是中國傳媒大學播音主持藝術學院的老師，也是一名在媒體業工作的新聞評論員。作為新聞評論員，我們在點評新聞事件的時候有一個基本原則，即如果手裡拿到的新聞資訊不完整，我們就不開口去點評。這是為什麼呢？因為在新聞資訊不完整的情況下，如果去做評論，就會誤導觀眾，媒體公正報導的社會責任便有所欠缺。新聞評論員發現新聞材料資訊不完整的方法，這一點是值得我們借鑑的，它能幫助我們在與他人交流的時候，有效地判斷對方在表達上是否有問題。

首先我先來介紹一下「資訊完整」的概念，當傳播的內容資訊經過邏輯整理後，可以完全詮釋傳播內容本身。受眾通過獲取的資訊，去掌握並理解內容，進而做出正確的判斷。以天氣預報為例，我們可以通過天氣預報提供的相關資訊，提前做好出門前的安排。如果下雨，我們就帶雨傘；如果寒流來，我們就多穿一些。獲取完整資訊的最大益處，就在於避免出現錯誤的判斷。

而「資訊缺口」是指在資訊傳遞過程中，由於出現缺失或疏漏，資訊接收者對於傳播內容的整體無法掌握，導致理解資訊錯誤，進而做出了錯誤的判斷。比如以下的例子：

本臺新聞獨家，十二月十四日中午，有八名消費者在某家餐廳用餐後，出現不同程度的嘔吐和腹瀉症狀，這八人隨後被送往醫院治療，其中六人治療一週後已經康復出院，還有兩名仍在留院觀察。

記者採訪了其中一位消費者張先生，他表示當天用餐時，隱約覺得有幾道菜的味道異常，還詢問了店員。大家以為這是特色菜，就沒有太在意，沒想到就是這些特色菜把他們送進醫院。

說到這，這條新聞就結束了。聽完這段內容，你是否發現這條新聞存在著資訊缺口？首先，新聞中說消費者張先生曾找過店員詢問，但這是否確有其事？他真的找過嗎？其次，消費者說問題是出在當天的「特色菜」，有沒有相關的檢驗可以證明，就是這些特色菜出的問題呢？最後，面對消費者的投訴，後續是否會進行調查？

我這麼一說，你是不是才意識到這篇新聞報導只採訪了消費者，卻沒有採訪餐廳店員、醫院以及當地衛生局呢？這樣的新聞稿會造成什麼後果呢？如果這八個人進餐廳之前，其實是在路邊攤吃了什麼，卻誤以為是在餐廳吃壞肚子，對於餐廳來說，有可能面臨口碑下滑的危險，影響到餐廳經營。所以說，僅憑一家之言，很容易造成觀眾對於某個事件的錯誤理解。

從一條新聞報導的資訊缺口說起，我們再回到職場上，想想怎麼做才能讓自己聽出對方表達中存在的「資訊缺口」問題。首先，**聽者對於對方表達的內容要不斷地自問。**「自問」就是你在聽話時，對說話者表達的內容做出的一種智慧性反應，通過自問完成內部的思考迴圈。自問的目的就是在聆聽對方講述時，自己建立一個事實邏輯框架，並且邊聽邊判斷。

那麼，如何完成自問這個環節呢？來看下面這個例子：

同事A跟你閒聊，聊到了三月份員工職業生涯培訓地點的事情。同事A是這樣說的：「我建議這次培訓的地點定在杭州，是因為三月份的杭州已是春天，對於學員來說，這樣的培訓地點很有吸引力。雖然我們去年秋天去過杭州，可是春天的杭州跟秋天的杭州還是有很大的不同。」

已知事實一：同事A的女友正在杭州讀研究所。

已知事實二：去年秋季培訓時，已經去過杭州了。而且上次去杭州的時候正處於旅遊旺季，導致酒店住宿費用超出了預算，然而培訓通知已經公佈，無法更改，最後你們團隊還因此被主管約談。

你可以抓住對話中的核心資訊，不斷地在心裡自問：「為什麼要選擇杭州？為什麼秋天去過春天還要去，為什麼他覺得春天的杭州和秋天不一樣，我們就該去杭州培訓？」

邊聽邊判斷，是跟著說話人的邏輯聽，但是不能跟著他的邏輯思路走。聽是方式，不是結果。把聽到的資訊按照一定的邏輯脈絡串起來，就很容易進行判斷了。

說完了自問，接下來就是向說話人提問。為什麼需要提問？一方面是為了獲取有用的資訊，另一方面是通過提問學會發現，從而完成自發性質的思考，發現對方表達內容的漏洞。

一般來說，同事之間的交流看似隨意，其實也是暗藏玄機。當說話人跟你交流的時候，你是在被動地接受資訊，但是提問讓你的被動位置發生了變化，讓你在抓取對方表達的資訊缺口時，站穩了先機。

繼續拿上面選擇培訓地點的案例來說，同事A建議培訓地點選在杭州。考慮到之前團隊由於考慮不周遭到主管約談的先例，你可以提出以下兩個問題：

1. 春天杭州的酒店房價是多少？如果還是去年秋天培訓時的價格，那就需要考慮一下了。
2. 這次培訓是否有請專家導師？如果請了，行程方面是否與對方做了協商？

當然，因為同事A的女友在杭州讀研究所這一事實，你內心會質疑他選杭州做培訓地可能是出於私心，你可以提問，但最好不要在跟他面對面正式交流時提出來，而是在談話的最後，不經意地去問。你可以邊走邊說：「上次你女朋友帶你去的一家店，我在IG看到覺得挺不錯，那家店的名字你還記得嗎？」本來跟同事A的女友毫無關係的話題，最後卻提到了他的女友，其中的寓意不言而喻。

通過提問判斷對方的資訊缺口，還需要注意的問題是「資訊消耗」與「身份壓制」，它們是職場交流中妨礙你發現資訊缺口的兩個主要障礙。

什麼叫資訊消耗？大家有沒有在電視上看過這個遊戲：一群人排好隊，主持人貼著耳朵把題目告訴第一個人，第一個人再告訴第二個人，第二個人再告訴第三個人……以此類推。等到最後一個人把聽到的內容大聲說出來，發現跟主持人最初說的題目卻是不一樣的，說著說著這話就走樣了。這就是資訊消耗的外化形式。

當一個人聽別人說某件事，再把這件事告訴另外一個人，轉述的時候，聽來的內容和他本人理解的內容就發生了某些差異。要像影印機一樣的轉述，在人與人之間的溝通交流中，幾乎是不可能實現的。

這種資訊或消息在人們交流過程中傳遞失真的現象，就稱為「資訊消耗」。除了資訊消耗，妨礙你發現對方表達漏洞的第二個障礙是「身份壓制」。

在聽別人說話的時候，資訊接收者會不自覺地跟著說話人的邏輯去理解事物，如此一來，就很容易放棄自己的判斷，特別是當說話人是你的上級、極具說服力的長輩或者朋友的時候。這裡存在著一個概念，就是身份壓制。

「身份壓制」是指由於講述者在人生閱歷、職業經歷、職場資歷等方面擁有一定的優勢，在與資訊接收人溝通交流的時候，自然而然地給資訊接收人施加的某種壓力。特別是對於那些判斷能力不足的人來說，他們根本沒有能力去判斷那些權威人士是否存在表達上的錯誤和漏洞，就會導致大量的資訊缺口出現。

為了避免在聽取重要事實的過程中，由於他人的身份壓制造成誤導，我們就需要時刻留個心眼，提高自己尋找資訊缺口的聽辨能力，抓住說話人的核心資訊，不斷自問、善於發問，打通資訊判斷的自迴圈。

04

應對喋喋不休、長篇大論的高情商回話法

傾聽的目的有兩個，一個是獲取資訊，另外一個是做出判斷。聽辨類訓練主要是圍繞著「獲取資訊」的目的，從不同的維度幫助你學會如何聽、聽什麼。

有些人表達上有很明顯的問題，我們一聽就明白，可是你又不能不甩這個人，因為他很有可能就是你的客戶。面對一個反覆強調自己的訴求，用重複資訊佔用你工作時間的客戶，任何職場人都會崩潰、都想躲起來。然而，「客戶是上帝」，你既不好意思說

他囉唆，也不好意思多次打斷他。這時，我們就需要用一些巧妙的方式來引導他避免說那些重複的話。

說話重複的人，很容易深陷於自我表達的訴求中。這類人說話時有三個特點，當你發現對方說話表現出這些特點時，就需要用一些方法來引導對方了。

◆說話速度快

說話快的人總想在最短的時間內，把自己知道的事情都說出來。他們追求的是什麼？是傳達出更多的資訊。他們從來不考慮接收資訊的人是否可以跟他們同頻，聽明白他們的話。

◆別人插不上話

這類人一說起話來就完全沉浸在自我表達的快感中，雖然在跟你交流，但他目中無人，就像在說單口相聲。當你想插進話來，他會在聲勢或者語速上蓋過你，把你的話硬生生地壓下去。

◆情緒激動的人

越說越激動的人，我們在生活中很常見。激動的誘因有什麼？有時候來自說話者本身。我有一位學員也有類似的問題，他們在說話時經常說著說著就著急起來。除了內部原因，還有來自外部環境的刺激。比如表達者為了讓別人相信他們所說的話，會非常賣力地跟對方說話。

當對方說話表現出以上特點，就可以用「抓住停頓法」引導他回到正題。

抓住對方話中的停頓點

什麼是抓住停頓法呢？一個人在說話的時候，無論語速多麼快、情緒多麼激動，都需要喘口氣的時候，這是人的生理需求。當他沒有氣接著說的時候，他必須得停下來喘口氣，這時就是你張嘴說話的突破口，也就是你打斷他說話的有利時機。這是我在教播音專業的學生如何做採訪的時候使用的技巧。主持人採訪時會遇到各種各樣的人，遇到語速快、不讓人插嘴的採訪對象的時候，打破被採訪對象單向對話（指與他人說話交流的時候，從開頭到結尾只有一方在說話，別人無法插話接話的情況）的方法，就是抓住停頓法。

抓住停頓法可以幫助你建立一個以自己為主的溝通方式，讓你的角色從「被動的聽」變「主動的說」。特別是對方說的口乾舌燥想喝水的時候，你的機會就來了。這時，他把說話的接力棒交給你了，你可以趁機說：「您說了半天先喝口水，休息一下。我把您剛才說的話整理了一下，您看看大概意思是不是這樣？」這樣，你就可以把話自然地接過來，對方也不會覺得你在搶話。

講話囉嗦的人，很多時候是無意的，他們總是擔心對方聽不明白，恨不得三百六十度無死角地解釋這件事情。面對這樣的溝通對象，你需要引導他，幫他建立一條資訊脈絡，將話語權握在自己手裡。

幫對方的話語進行總結

當對方說了一段時間（大概三到五分鐘，最多不超過十分鐘）話後，在適當的時候打斷對方，然後將對方表達的內容進行梳理和總結，最關鍵的一點是必須得到對方的確認。還有一種情況是內容打卡，按照區塊來打卡，這種方法使用起來更加方便。

具體怎麼做呢？案例如下：

室內設計師A為客戶李先生提供了幾個裝潢提案，並最終確定了其中一個提案。李先生是一位很仔細的人，當衛浴已經裝修了近八成的時候，他突然想再大改衛浴的設計，但進度上快來不及了。李先生花了畢生積蓄買房子，特別重視跟設計師A的溝通，每次溝通都要花上兩、三個小時，讓A經常花半天只能接待他一個客戶。

面對這種情況，怎麼做呢？一共分為三個步驟。

◆以「感謝」開頭

溝通時，你可以先說一些感謝的話，讓那些處於交流優勢地位的客戶或者老闆感到心裡舒服。因為他的滔滔不絕得到了你的良性回饋，他的話語價值通過你的感謝得到了體現。

以上面的故事為例，設計師A可以這麼說：

「李先生，真心感謝您提供這麼多寶貴的意見，讓我受益匪淺。您的建議對於我們來說，無疑是一個大膽且創新的嘗試。其實，我們之前也曾經考慮過這樣的設計，但一直沒有遇到合適的客戶來實現。能夠和您這樣細心且具遠見的客戶合作，我們真的是感到非常榮幸。」

當你說完這話，李先生心裡一定感覺備受尊重。

◆梳理脈絡

通常來說，說話滔滔不絕的人的表達邏輯一定很混亂、是自我不可控的。聽完他說的內容，你可以幫他梳理脈絡，這會讓對方感到你態度認真、有責任心。接下來，對方只要肯聽你的總結，某種意義上來說，你就贏了。

以上面的故事為例。這時候，A需要一張紙、一支筆，把對方之前說的話挑最重要的資訊記錄下來，然後利用心智圖的方法，幫助對方梳理出一個大框架。舉例來說，A可以這麼說：

「李先生，感謝您提出這麼詳細的建議。為了更好地整理您的想法，我總結如下：首先，您很關注衛浴的功能性；其次，您希望加強衛浴的收納需求。另外，您還特別提到材質選擇。我先將這些要點列出來，讓我們可以逐步確定每個細節。」

◆細節確認

脈絡梳理只是一部分，更重要的是關於細節的最後定論，而這正是體現你個人價值的時候，這時你的角色已經發生質的轉變。在前兩步的基礎上，你最需要做的就是細節確認。因為說話滔滔不絕的人通常缺乏邏輯性，他會某一個點上糾結不已，但在留意細節上往往不夠敏銳。對你來說，對細節的高度關注，會讓對方刮目相看。

以上面的故事為例。在衛浴這一塊，李先生的要求特別多，但是你可以通過聽辨能力去鎖定李先生最核心的訴求，讓溝通細節最終能夠得到落實。例如：

「李先生，關於您提到的幾個具體問題，比如衛浴的收納空間和鏡子的擺放位置，我們會根據您的需求進行調整，方式如下……」

變換說話者的位置

最後，要提醒你的是溝通的姿態。

如果對方滔滔不絕，你想打斷他，但是使用上面兩種方法後，發現效果不佳時，還有一個方法能夠幫助你，那就是「變換位置」的方法。

換句話說，就是引導對方改變他說話時的身姿狀態。如果他一直站著說話，你可以讓他坐下來說話。因為人站著說話，相對來說會比較容易情緒激動。但是，如果他已經坐著，你就可以以關心之名打斷他的話語，換一種溝通的方式。這就是變換位置的意思。比如，你可以說：「李先生，您別一直站著，坐著說好不好？」或者說：「李先生，您想喝什麼？咖啡、茶還是礦泉水……」

通過這些看上去很正當的插話，你就可以打斷他表達的連續性。只要你打斷他一直說話的狀態，讓他處於被你主導的狀態下，你就可以掌握說話的主動權了。

05 判斷表達的意圖，才不會被牽著鼻子走

你是一個耳根子軟的人嗎？比如在工作或生活中和他人交流時，只要對方說的看似有道理，你是否就容易陣前倒戈、放棄自己的主張，馬上加入對方的陣營？如果你常常這樣，那麼說明你比較不容易堅持自己的主見，在溝通中很容易被別人牽著鼻子走。這時候，你需要具備的是「明確表達主旨」的能力。

「表達主旨」是指一個人借助有聲語言，表達內心情感、思考或者感受的時候，最

想要表達的核心意思。那麼「明確表達主旨」又是指什麼呢？它是指在職場上，你聽取某個人發表言論的時候，懂得判斷對方的表達主旨。如果說話者改變邏輯，你需要立刻找到他的新主旨，讓你在資訊接收和資訊判斷的時候才能更準確。如果發言人的說話邏輯混亂，他的表達主旨就會不明確，甚至是沒有主旨。

作為接收資訊的人，當你發現發言人的表達主旨發生改變或者不清晰的時候，你就要警惕了。因為這時候對方的話裡會開始出現說服的意圖，潛移默化地誘導你，而你就會在毫無防備的情況下，忽略去判斷對方的表達主旨，不自覺地被對方牽著鼻子走。

在職場上跟聆聽有關係的場景分為兩大類，一個是公眾性質的，另外一個是人際溝通性質。在公共性質中，最主要的場景就是開會了。在職場上，你總會遇到大大小小的會，例如創意會議（也就是腦力激盪會議）、專案會、檢討會、例會等。在會議上，發言者往往會極力地爭取更多的人支持自己，這時候如果你不具有判斷對方表達主旨的能力，就很容易被別人的想法帶著走，無法提出有用的回饋，也沒有辦法履行與會人應有的職責了。

尤其是剛剛踏入職場沒多久的新人，參加這種會議的時候，就很容易跟著發言者的節奏走，成為老板眼中那個沒主見、耳根子軟的人。比如我的一個學生小李，他在一家媒體公司就職，是公司裡最年輕的員工。有一天，部門開新產品的腦力激盪會議——一款美顏APP的行銷推廣策略。老闆指出這款美顏APP的目標使用者是Z世代，正是小李的同齡人，所以希望她能結合自身經驗，來評估團隊的行銷提案是否對Z世代有吸引力。

首先發言的是小張，他建議請網紅來拍攝影片。原因有兩個，一是費用相對低，二是網紅的帶貨能力和流量處於上升期。老闆詢問小李的意見，小李表示這網紅她有追蹤，連連點頭稱好。下一個發言的是部門的資深策劃老譚，老譚提議邀請一位男演員做代言人，這位男演員最近正因某部熱播劇而在演藝事業迎來第二春。老闆又問小李的想法，小李說，她也看過這齣劇，是這位男演員的死忠粉，大讚這個點子也很好。最後老闆無奈地說，小李耳根子太軟，每個人的點子都是一個字：「好！」

小李為什麼回應總是不在重點上？為什麼那麼容易改變自己的想法和判斷，她就沒有一點自己的主見嗎？這就涉及到明確表達主旨的第一個元素——「是否聚焦問題核心」。

小李的問題是只接收同事說話中的片面資訊，完全忘記自己參與會議的目的。在聽取資訊之後，小李做出判斷的基礎應該是「團隊的行銷提案是否對Z世代有吸引力」，而非自己的喜好或其他因素，她錯就錯在沒有「聚焦問題核心」。

所謂人際溝通場景，指的是你需要跟某人進行一對一的交流。就跟開會時聽完發言要給出回饋一樣，一對一的交流最終也需要你做出某個決策。在一對一的交流中，什麼情況下最容易被別人牽著鼻子走呢？就是當對方為你提供利多的時候。

比如中午點外送，你本來想點一杯無糖飲料，控制自己的體重。此時，同事E也想點飲料，她發現附近新開幕的飲料店推出優惠活動——第二杯半價，於是問你要不要換成奶茶，也能省到錢。你覺得不錯，很快便同意了，可是，回到最初的目的來看，你原本只是想買一杯無糖飲料，結果卻點了一杯奶茶。

所以說，明確表達主旨的第二個元素就是「是否符合最初的交流目的」。明確交流的目的後，引導你做出自己的判斷，就不會被對方的片面資訊誘導。除了明確交流的目的，在一對一交流或談判中要做到明確表達主旨，還要注意第三個元素，就是需要懂得「判斷交流的目的對誰有利」。

在溝通過程中，很多時候我們需要說服對方。表現強勢、振振有詞的人，往往可以輕易說服那些意志薄弱的人。面對表達強勢的人，接收資訊的人需要牢記一點，對方說的這些話到底對誰有利？是對表達者，還是對我們自己呢？

我有一位朋友住進某社區一年多，被建設公司找去聊聊。原來，建設公司想更改社區的週邊設計，把低密度的六層樓改成更多層、更高的大樓，擔心業主們有意見，打算逐一說服。我朋友進去跟建設公司談，不到五分鐘就出來了。後來我問他，怎麼那麼快就出來了？他說一進去，建設公司就向他解釋改成高樓層的好處。他只回了一句：「如果改變原本設計對我們業主有好處，還需要麻煩你們一戶戶來勸說嗎？」

建設公司聽他這麼一說，就啞口無言了。最終，建設公司沒能成功說服業主們，樓層設計也就維持原狀了。

當某人在跟你說話的時候，如果竭盡全力地說這全都是為你好，其實就是一個需要警惕的信號。

我的一位學生是某電視購物節目的主持人。有一次他跟我分享如何讓消費者下單的話術。他曾經多次賣過一套家用廚房刀具，他發現只要說：「當您家裡的廚房擺上這麼一款刀具時，您的家就搖身一變為高質感空間」這句話，訂單就會直線上升。

這是一句聽上去對消費者有利，事實上對節目有利的表達。主持人抓住了消費者的心理，「用一件物品快速提升自己的生活品質」。在溝通交流中，一旦某個人的發言具有煽動性、鼓動性，他的聽眾很容易就會自動投降，被他的話語帶著走了。

我們知道傾聽的目的有兩個，一個是「獲取資訊」，一個是「做出判斷」。做判斷時，在諸多需要考慮的因素裡面需要特別牢記一個，就是對方這麼賣力的說服你，到底對誰有好處。如果對你來說，每一句都說到你的心坎裡，恭喜你，你中招了。

無論是一對多還是一對一的談話場景，都需要資訊接收者持續做出反應與判斷。你一定要思考是哪些因素促使你做出這樣的決定？是你自身原有的想法嗎？是你聽完對方的話後，綜合考量做出的決定？還是你覺得對方說的好有道理，自己原本的想法不夠好，還是按照對方的意見做好了？如果對方是不懷好意地說服你，當你沒聽出來時，就會被對方牽著鼻子走。

06 怎麼應對工作上的LINE和語音訊息？

我的學生D最近跳槽到一家廣告公司，老闆是一個控制欲很強的人，下班以後還會一直發語音訊息，繼續交代工作。春節剛過完，同事們回到公司上班，十多天沒有見到員工的老闆早就按捺不住了。開工日早上一醒來，D剛打開手機，就發現老闆在凌晨傳給他十多段語音訊息，條條都有將近六十秒。D跟我說，老闆最近壓力大、經常失眠，深夜發工作訊息給同事是常態。作為下屬，他不好意思直接跟老闆說，但是每天收到這麼多、這麼長的語音訊息，聽起來實在是好麻煩。時間長了，讓人壓力好大。

如果你每天也要面對一個愛發語音訊息的老闆，你該怎麼辦？老闆發來的長訊息，怎麼聽？不妨試試「訊息分級」。

對語音訊息做「訊息分級」

◆第一步：把語音轉文字，抓住關鍵字

打開手機，看到那麼多語音訊息，誰都會覺得「壓力山大」。第一步，最好是把語音轉成文字。為什麼不是聽，而是選擇看？因為我們看文字的時候，捕捉和理解資訊的速度，要比面對同等份量的語音資訊快得多。透過文字去看，可以快速判斷事情的進度，並在第一時間做出基本判斷。如果訊息用聽的，我們的思路容易跟著語音內容走。聽到最後，發現一開始的內容已經記不清了，需要重複聽，這實在很浪費時間。

除了轉換成文字這個操作，還有一個關鍵點，就是重點看第一條語音。為什麼呢？

因為第一條語音通常是老闆在有準備的情況下發出的，具有強烈的溝通欲望。特別是跟工作有關的語音訊息，老闆一般都是開門見山、直入主題，不會說太多的客套話。後面的多條語音訊息，基本上都是為了仔細說明或補足第一條訊息。

◆第二步：一心二用，聽省力最重要

從第一條語音訊息判斷出老闆想要傳達的內容後，接下來你就可以邊做其他事邊聽其他的語音訊息了。有了第一條語音訊息給你的前提，你在點開第二條語音訊息時就已經有了基本概念，這樣子讓你處理起來會更省力省心。

在聽的過程中，你需要注意的地方有以下幾個方面：

1. 你手上可以忙其他事，但不可過多地分散你的注意力。注意力要放在語音上，這樣方可一心二用。如果不行，那就先停下手裡的事，專心來聽。
2. 不要被老闆誇張的情緒分散注意力。老闆發了那麼多的訊息，他的情緒未必一直是穩定的。如果他自己說著說著激動起來了，作為接收者的你需要穩定情緒。不要把注意力放在老闆的情緒性表達上，而應該把重點放在老闆說的「事情」上。

3. 另外，也需要特別留意時間間隔較長的幾條語音。通常來說，隔了幾分鐘才發出來的語音訊息，需要特別關注。為什麼呢？因為這有可能是老闆在發完前面一堆語音訊息後，對於剛才交代的事情又重新思考，發現還有需要補充的，於是又追加了兩條。因此你需要特別關注這兩條的內容，因為按照人們的思考習慣，反思後的想法，重要性要超過之前的內容。

4. 在上班途中，把老闆的語音訊息做出一份文字版總結，並跟老闆再次確認。這麼做的目的，一方面是為了體現你做事的認真態度，另一方面就是跟老闆再次確認。雖然他的確發了語音訊息，你也聽到了，但工作中有些失誤，很常是因為沒有跟對方進行內容上的再次確認。

職場上傳 LINE 的禮儀

如今，我們在跟老闆、同事進行溝通交流的時候，LINE 幾乎是不可或缺的社交工具。隨著 LINE 在工作中的廣泛應用，一些不成文的規則逐漸顯露出來。關於職場上通訊軟體的禮儀原則，有以下三條。

首先，工作群組裡要以文字交流為主。雖然可能會有人在個別情況下發語音訊息，但從使用頻率和次數上來說，建議還是以文字為主要的溝通方式。

其次，在群組內交流，要避免成為以下三種人：第一種人是「伸手牌」。群組交流中，大家最討厭無論大事小情，不看上面的討論，只想當伸手牌的那種人。

第二種是愛聊八卦的「三姑六婆」。群組聊工作時無意中提到了某位明星，這時候，這類人總喜歡冒出來開玩笑、聊八卦，一聊起來就沒完沒了。他們自以為有趣，卻不知道是討人厭的行為。第三種人是「鍵盤俠」。明明大家在商量工作，他就喜歡鑽牛角尖，遇到與自己觀點不合的人就批評，這種人也很討厭。

最後，使用 LINE 一對一與老闆、同事溝通時，相對來說自由一些。無論使用語音還是文字，主要看情境和雙方的親密程度。但不論何種情況，都特別要注意私密性。生活中，我們私下交流時，有時候聊的太開心，就會截圖發到公開社群上。想這麼做的時候，一定要先徵求對方的意見。徵求對方意見的目的是什麼呢？一是表示你對同事或者朋友的尊重；二是在對方知情的情況下，公開訊息產生的結果，雙方都可以承受。

07

解讀影片資訊，避免上當受騙

現在是影音的時代，平時我們接收的資訊很多都是來自於影片。面對鋪天蓋地的影片資訊，作為社會人的你，是否有一雙慧眼去識別呢？很多人會認為影片是「眼見為實」，影片的畫面可比白紙黑字裡面的「文字遊戲」真實多了，怎麼還會看不明白、怎麼會傻傻地上當呢？

事實上，眼見未必為真。在職場中，我們在很多場合都會看到影片，比如說參加某科技公司的新品發布會，介紹新產品的影片一定特別酷炫。產業論壇開始前，大螢幕滾動播放的產業最新動態影片，一定很高大上。這些影片畫面已經在無形中給了你很多資訊，以及很多暗示，這些資訊與暗示都會在某種程度上影響著你的判斷，左右著你的決定。那麼，我們該如何識別高大上宣傳片中的「謊言」呢？

有一次，我的學生小李約我吃飯，席間聊起他們公司要與另一家公司展開業務合作，正在考察對方的實力，順便把這家公司的形象影片給我看了一下。看完影片之後，我跟小李說了我的觀後感。這支形象影片提到他們與世界五百強的大公司有很多業務往來和合作，可是畫面中出現的都是常見的商業素材圖，影片畫面主要是空鏡頭──什麼是空鏡頭？就是滿滿的高樓大廈和川流不息的人流，看上去很高大上，但感覺很虛假。而關於這家公司的實景拍攝，大都是一些特寫，很少有大全景的畫面。

然後影片中的旁白都是一些模糊的宏觀概述，沒有具體的工作內容。簡單來說，這支形象影片沒有展示出這家公司的核心競爭力，看完之後，你也說不出這家公司令人印象深刻的地方。

過了幾天，學生小李發LINE告訴我，他們最終沒有跟那家公司合作，通過其他管道考察瞭解到對方有一些問題，竟然跟我的看法一模一樣。

觀看影片獲取資訊，並且做出判斷，一是需要「眼睛尖」，二是需要「耳朵靈」。看影片時，你需要把用「眼睛」看到的資訊和用「耳朵」聽到的資訊綜合起來進行判斷。判斷影片資訊是一個人在現代職場上生存的必備本領。每當你點開一段影片，按照以下這兩個步驟進行，無論什麼影片，你都能做出正確的判斷。

第一步：觀察影片的畫面

觀看影片最主要的目的是知曉資訊，才知道如何做判斷。**要做判斷，首先要看畫面的訊息量有多少。**

你看過紀錄片《舌尖上的中國》嗎？這是一部關於中國各地美食的紀錄片，如採自雲南的松茸、陝北的黃饃饃、重慶的老火鍋等。畫面上會有具體的事物，而講解這些具體事物的資訊，就是影片要提供給你的「資訊」。每一幀畫面上出現的元素量，就是你用來衡量一部影片畫面訊息量的依據。

那些缺乏訊息量的畫面是什麼樣的呢？比如前文提到的那家公司。這家公司說自己實力雄厚，有與世界五百強大公司合作的經歷，那麼影片應該要展示出相關的畫面，比如簽約的圖片或者實績影片等。如果影片中放的是那些五百強公司在網站上可以隨便下載的到的圖片，那就是「沒有訊息量」的畫面，因為並不存在事實。

怎樣才是資訊豐富的畫面呢？舉個例子，你一定看過這樣的短影片新聞，畫面中是一位上了年紀的老奶奶正在過馬路，很多車都停下來，等老奶奶走過去之後，再繼續開，新聞標題是「友善行人之都」。這個畫面就含有豐富的訊息量，畫面裡面包含了人、景、物三個主要元素，「人物」就是老奶奶和那些行人；「景」就是場景，即馬路和人行道；而「物」就是一排排停在原地的車輛。監視器把這一幕從頭到尾記錄了下來，你不需要聽旁白或聲音，只需要看畫面，就知道發生了什麼事。當畫面中擁有足夠豐富的資訊，讓我們看懂了發生在馬路上令人感動的一幕。

如果影片中提到了具體的專案或者是產品，就是你發現問題並做出正確判斷的時機。如果是專案，影片中就應該出現關於該項目的實際場景；如果是跟產品有關，通常要有與產品相關的場景，包含實品展示、功能說明等。

第二步：看影片的畫面品質

如何判斷影片裡有沒有實地場景呢？答案是觀察畫面的品質。如果是實地拍攝的場景，畫面的質感與從網路下載的圖片質感是完全不同的。不同的產品在宣傳策略上著力點也各有不同，需要根據消費者的年齡層次、教育程度、消費能力等而定。

解說旁白裡也有一些需要特別留意的資訊：

◆大量使用「最」字震懾觀眾

企業的宣傳影片裡通常會有配音解說，光從解說旁白的內容，就可以做初步的分析與判斷。為了展現自家公司的實力，旁白中如果頻繁地出現「產業最佳」、「業界最強」、「國內第一」之類的詞，卻沒有相對應的數據或實績，你就要注意了。因為這就是最典型的「老王賣瓜，自賣自誇」。

◆獎項名不副實、濫竽充數

還有一種旁白解說詞會採用所謂具有證明力的表達，比如，公司產品曾獲『二〇一八年度全國企業最具潛力獎』或者『第三屆產業創新產品獎』之類的說辭。大家都知道，很多獎項其實並沒有多少公信力，無論是產業知名度還是社會影響力都遠遠不夠，僅僅是為了炒作，或者是某個民間單位的自頒獎項而已。所以，對於那些在旁白中大量羅列這類獎項的公司或者產品，你就要注意，這些通常都是不可靠的信號。

◆過度修辭，文化包裝

為了過度美化或者抬高自己，很多宣傳影片在介紹和說明某家公司或某產品時，會大量地使用形容詞。輕則把多個四字成語羅列出來，重則大量引用大家不太熟悉的詩詞、名人佳句，企圖營造某種氛圍或者彰顯自己頗有文化的意味。

◆鋪天蓋地的生詞和新創詞

最後，如果解說中有很多你沒聽過的詞彙或概念，這時候你就要注意了，這又是一個坑。它主要是利用所謂的「資訊不對稱」，也就是用那些你不知道的概念和說法故作玄虛，讓你困惑。當你因為自己的孤陋寡聞倍感自卑的時候，就不知不覺中陷阱了。

總之，學會解讀影片資訊，能夠幫助你識別影像的謊言，幫助你更好地做出判斷。

08 資訊速記，讓你快速抓住核心內容

我的學生小李畢業後去了一家事業單位，有一次他代表部門去開會，會後回部門傳達會議精神。他把在會上聽到的內容跟同事們傳達之後，部門主管表揚了他。主管說：「傳達會議這個事兒，表面上看是鸚鵡學舌，但其實裡面學問很大。今天小李的傳達內容清楚，重點突出，不愧是學播音的。不僅聲音好聽，表達還這麼清楚。」主管還讓小李介紹了一下經驗。小李說，我們在口語表達課上接受過聽辨能力的訓練，要想把別人

說的話記錄並轉述出來，且能抓住核心內容，還是有很多方法的。

小李同學說得沒錯，把別人說的話記錄並轉述出來，確實有很多方法。俗話說，「好記性不如爛筆頭」，這記錄裡面的門道也不少。

現在很多人喜歡用手機來做記錄，好處是方便存儲，但也有不方便之處。首先是修改或者做標記，不如手寫的筆記本方便。其次，如果利用手機做記錄，也容易受到手機自身使用的干擾，比如隨時會出現的各種推送，這些推送資訊會干擾你的注意力。用筆記本記錄除了剛剛說到的方便修改和標記以外，其實最大的好處是可以劃分區域記錄不同的內容。

大多數人記筆記就是把自己聽到的認為重要的內容記錄下來，複習的時候、考試的時候拿出來看一看，幫助自己理解、記憶知識點用。而我們所說的記錄，不僅要把重要的內容記下來，還要以記錄的內容為基礎，向其他人轉述出來。

記錄內容的三大部分缺一不可，具體如下：

一、關鍵的資訊點以及定性的表述

將主講人所說的內容與你的理解相結合，把重要的資訊點記錄下來。比如主講人提到的新概念、新表述、新口號、新說法以及資料資訊，都需要記錄下來。還有一點就是那些非常明顯的定性表述，因為這樣的定性表述是主講人最核心的表述內容。所謂的表述，也就是那些傳達出某些觀點的說法，比如「今年上半年人事改革的這三步必須走完」，其中所說的三個步驟就是對「人事改革」的一個定性表述。

二、講話人的表達結構

比如對方說，這個問題從以下四點來給大家介紹。你聽到這兒的時候，就要在筆記本上做好標記，緊接著記下主講人所講的四點內容。你在轉述時也可以按這四點來講，你可以給每一點內容做好小標題，這樣一來，別人在聽你轉述的時候，就可以很容易找到你的邏輯骨架了。

還有一種情況，就是發言人說話比較隨性。開場時，發言人本來說要介紹四點內容，可是說完第一點之後，後面的第二點、第三點、第四點卻沒有明確說出來。作為轉述者，你在記錄的時候就需要把聽到的內容進行資訊歸類。如果不這樣分類，等你轉述的時候，訊息就猶如一盤散沙。

如果發言人說話結構不清晰，做記錄的時候，你要根據自己的理解對資訊做好分類處理，在轉述時一定要先做好前提交代。

三、記錄自己對資訊的感想、感受及理解

在有些場合，當你轉述主講人的內容時，由於主講人的權威地位以及發言內容的重要性，你只能充當「傳聲筒」的角色，將主講人的內容還原即可。而在另外一些場合，在轉述主講人所說的內容時，你可以加入一些自己的思考與感受。比如，你代表研究所參加了某個論壇，回單位做分享時，你表達的內容既有論壇上相關專業人士發表的主題發言，還有你聽完發言之後自己的專業感受。

在做轉述時，需要注意以下四點：

◆說明背景

在轉述時，你不僅需要轉述主講人說的內容，還需要把主講人發言時的場景狀態介紹出來。因為這些資訊同樣會影響資訊接收者做出判斷。

◆做好解釋

影響資訊接收者理解內容的關鍵，是對轉述者所說的內容聽不懂或者無法理解，比如一些新概念、新表述、新口號、新說法以及資料資訊等。在轉述的時候，你不僅需要把這些資訊轉述出來，還要進行必要的解釋。這種解釋的基礎來源於你的理解。

◆保守底線

俗話說：「照貓畫虎，怎麼也不是虎。」在轉述時，我們可以做到把主講人的意思轉述出來，但很難做到把主講人說話的語氣也轉述出來。但我們要記住一條：不刻意地歪曲事實，不添油加醋地去轉述，只做客觀的描述。

◆總結精髓

轉述的最後一步是做一個小總結。你可以這麼說：「最後，我利用一分鐘的時間跟大家簡單總結一下這次會議的精神，核心內容是……」你看，這樣的小總結對於聽眾來說再好不過了，即使他們開頭沒有認真聽，最後也能有效地抓住核心內容。

職場表達診療室3

Q1

在部門工作彙報或與同事溝通的時候，我經常遇到被上級主管直接打斷的情況，這真的很影響我的表達思路，礙於上下級關係，我也不會直接指出。但是，主管經常這麼做，給我帶來了很大的困擾，感到壓力很大。我還注意到，這位主管平常與其他同事交流也是這樣。想問被打斷後，該怎麼做才能重新整理思路，不被干擾呢？

A

在職場上，主管掌控話語的主動權，打斷下屬的話，是再正常不過的事。這個問題看似出在主管身上，但有一點值得反思，那就是你在彙報工作時，過程中是否有將內容講清楚，或是主管沒聽明白？如果確實存在這個問題，他就很有可能會打斷你的講話。所以我們在彙報之前，必須理清自己的表達思路。當然，還存在著另外一種情況，就是你的主管的理解力有問題，但這也表示你在內容講解上更要下功夫了。

如果你覺得自己在語言表達上沒有問題，而主管還是一直打斷你的講話，這時你可以巧妙地給他一些暗示。比如，當你被打斷，不知道該怎麼接續剛才的內容時，你可以說：「看來我得去鍛煉一下自己的記憶力了，因為您突然打斷我，我只顧著回答您的問題，都忘記自己說到哪裡了。」

Q2 在日常工作或者溝通中，如何提升自己的結構思考力，精簡提煉出總結性表達？

A

這個問題中有兩個關鍵字：「結構思考力」和「總結性表達」。在我看來，結構思考力與結構性表達是息息相關的。說話的時候，為了讓人能聽得懂，我們需要搭建一個邏輯脈絡，比如起承轉合的內容，想好邏輯順序，再告訴聽眾。接著，聽眾就會跟著這個邏輯脈絡來聽及理解我們要表達的內容。具備建立表達結構的意識，就是結構思考力的表現所在。

至於總結性表達，我們必須明白，任何跟說話有關的表達無外乎就是「開頭、主體、結尾」三部分，而我們需要下功夫去做的就是：開頭吸引人；主體層次清楚、內容飽滿；結尾意味深長，給人留下深刻印象。

Q3

宋老師，我在面試的時候，總覺得自己說話欠缺邏輯，在面試時思考問題的方式和面試後思考問題的方式是不太一樣的，想在面試時思考得更深入、回答得更有邏輯，該怎麼改善呢？

A

所有的面試都有一個重要環節，那就是「自我介紹」。雖然我們不知道面試官會問什麼問題，但我們能好好把握「自我介紹」這個環節，這也是我們能花充分時間去準備的部分。說完自我介紹以後，無論對方提出什麼問題，你都需要做到基本表達所要求的：「說話要有結構意識」，你也需要利用我們第三部分的〈資訊識獨力〉所提供的方法聽懂對方提的問題，明白對方話裡蘊含的想法，在與人溝通交流的時候，就能做到遊刃有餘。

面試時和面試後的思考方式不一樣，這是肯定的。面試的時候你是應徵者，面試後你是自我覆盤者。面試時，你的注意力都放在如何回答問題上，而面試後你的注意力會放在審視自己回答得是否周全。其實很多人無法在面試的時候將所有的問題都考慮周全，特別是在緊張的情況下，就更難做到。但當你放鬆之後，有更多的時間去覆盤，你對問題的考量一定會更全面。

在我看來，在面試時，思考是否有深度、邏輯是否清楚，這些似乎沒有那麼重要。你的專業能力、業務能力是否頂尖，才更為重要。如果你在回答問題時總能回答在關鍵上，邏輯稍微亂一點，也無可厚非。你要明白，真正重要的是你的核心競爭力，面試官更關心的是這一點。當然，說話表達邏輯清晰，也是一個加分項。

PART 4

即興說話力

掌握關鍵時刻，告別緊張和恐懼

01 克服即興發言的緊張情緒

很多人問，在主管和同事面前即興發言的時候，一張嘴說話就會非常緊張，怎麼克服這種緊張情緒呢？還有很多人問，不僅即興發言時緊張，只要在眾人面前講話都會很緊張，這時該怎麼組織語言才好？根據我的經驗，在即興發言上，無論經驗多麼豐富，一旦遇到重大場合，大部分人都會緊張，只不過有些人總有一些獨家方法幫助他們克服緊張情緒罷了。

每個人克服緊張情緒的方法各有不同，我把經學生檢驗後非常有效的兩個方法整理了出來，幫助你解決說話時容易緊張的問題。

心理建設：事前對自己提問，做好萬全準備

緊張的時候做一下心理建設，是舒緩緊張情緒的最佳方法。

我的一個學生S之前有過高考面試失敗的經歷，從那次以後，只要去參加面試，他就會緊張，甚至緊張到口乾舌燥的地步。臨近畢業前夕，他要去面試一所高中的工作，為了不再因緊張而失去工作機會，他來向我請教。我給他出了一個主意——心理建設法。

怎麼做自我心理建設呢？我請他在面試前先思考這些問題，比如說：面試的目的是什麼？自己的優勢和劣勢是什麼？如果對方抓住劣勢不放，自己應該怎麼處理？等等。相信你已經看出來了，心理建設法的核心就是為自己做一個評估。

他聽了我的意見，在等待面試的時候，按照我教的方法完成了一次「心理

建設」。

第一，面試的目的是為了獲得這份工作機會。如果獲得機會，那就太幸運了；如果沒有，也沒有關係，因為在一週前，另一家學校已經決定錄用他。所以，即便這次沒有面試成功，也不會影響他留在此地工作。

第二，分析自己的優勢和劣勢。他的優勢是從本科到碩士都是在公立頂大就讀，讀碩士時的導師在業界也知名，自己試講的時候表現得也不錯。劣勢是什麼呢？自己剛畢業，缺少教學經驗，可是誰一畢業就會上課呢？

S做完了面試評估以後，對自己的能力有了比較準確的定位。準備面試的時候，他有了方向，也就有了一定的把握。面試當天，雖然他心裡還是有那麼一點點緊張，但因為提前做好了準備，所以面試的過程越談越順，到最後非但不緊張了，整個人的表現反而漸入佳境。

這時候你一定想，心理建設法真的那麼管用嗎？如果我到時還會緊張，那怎麼辦呢？其實，一個人產生緊張的心理，通常會有明確的焦慮點，順著這個焦慮點，人會把自己拉進死胡同，一旦走進這個死胡同，就會格外緊張。自我評估的目的是幫你做好完整的全盤考慮，一旦你走進死胡同，這樣的全盤考慮就可以做為你的自救法寶。很多人在面試的時候，容易把注意力全部放在每個具體的問題上。如果用自我評估來做心理建設，可以讓你在面試前做好全盤考慮，規劃好自己的觀點框架。這樣，即便你的節奏臨時被打亂，你仍然可以快速回答事先準備好的內容，再去展開陳述。

除此之外，豐富的內心戲也是很多人產生緊張感的原因。一個人出現緊張情緒之後，為什麼會越來越難擺脫這種情緒呢？因為主講人把注意力都放在了負面思維上，比如：評審是不是不喜歡我？面試官是不是對我印象不好？如果我表現不好，同事們怎麼看我？事先做好心理建設，可以擺脫這種內心的焦慮，轉移到你需要表達的內容上，讓你的內心不再受雜亂思緒的困擾。

注意力轉移：別把注意力放在演講上

還有一些人會在即興發言之前產生緊張情緒，但只要開始說話，緊張的情緒就會緩解很多。如果你是這類人，可以選擇「注意力轉移法」。

二〇〇三年，我參加了一個國際學術研討會，需要在很多播音專業的老師面前發言。那是我第一次參加這種級別的會議，就別提我有多緊張了。擔心自己由於緊張講起話來氣息不通暢。學習播音專業的人都知道，在氣息不通暢的情況下，聲帶就會發抖，就會出現聲音不悅耳的情況。為了克服緊張情緒，我找當時坐我旁邊的張妙陽老師聊天。當主持人叫到我的時候，我還沒有從剛才聊天的狀態中抽離出來，所以也就避免了緊張的情況。

很多時候，我們講話時出現的緊張情緒是完全可以避免的。那些優秀的主持人在表達時能夠做到心裡不緊張，是因為他們做了專業的準備。如果你能像他們一樣做好這些前期準備工作，你也就不會緊張。

第一步，**稿件不是背出來的，而是改出來的**。很多人在公開場合講話之所以緊張，就是因為擔心自己忘詞；你之所以忘詞，是因為對稿件的內容熟悉度不夠，講稿打磨的時間太短。在熱門電視節目《我是演說家》裡，每一位選手在鏡頭前的表現都特別專業，這背後的原因是什麼呢？是前期無數次打磨修改的結果。大家只看到了選手的最終呈現，不瞭解他們背後的專業化準備。

對內容的熟悉度，並不是靠一遍遍地背稿子形成的，因為機械化的背稿容易讓人產生心理負擔。既要記住內容，又不要機械化的背稿，最好的方法是什麼？那就是「改稿」。只有不停的修改稿件，主講人對稿件的熟悉度才會增加，對於內容的整體架構才會做到心裡有數。從第一版到最後站在臺上演講的版本，每一版主講人都要親自操刀、親自修改。

第二步，**簡報要有文字稿做底**。一般我們在做簡報時，要先寫文字稿，再依據文字稿去製作簡報，這麼做可以保證內容的完整性。如果不寫文字稿，只根據簡報做彙報，你很容易丟三落四。如果內容有變動，在正式演講的時候，簡報就會變成你緊張的源頭。因為你對內容沒那麼熟悉，站在臺上講話的時候，看到比較生疏的地方，就會反應不過來，進而馬上產生緊張的情緒。如果你事先把稿子打磨好，根據稿子做簡報，就不會存在這種情況。

第三步，**熟悉環境，事前演練**。還有一個緊張的源頭，那就是環境。一些重要的演講場合，主講人心裡本身就緊張，如果是在陌生的環境，簡直就是「雪上加霜」了。所以，事前熟悉講話的環境，是特別重要的前期準備工作。測試設備的時候，在條件允許的情況下，儘量多彩排幾遍。對於主講人來說，站在舞臺上感受燈光、感受周圍的環境，是很有必要的。

假如面對自己已經非常熟悉的環境，心裡還是緊張，該怎麼辦呢？再分享一個小技巧給你。你可以巧妙地安排觀眾的座位，以此來減少自己的緊張情緒。比如，你可以把和你關係比較好的幾位同事事先安排在觀眾席某些位置，這幾個位置就是你與觀眾交流的視線交會點。你一抬頭往左邊看，就看見A同事；往中間一看，就看見B同事；再往右邊一掃，就是你的C同事。無論你的視線落在哪裡，都是自己熟悉的同事，還會緊張嗎？當然就不會了。

其實從播音的專業角度來說，一個人在公開場合說話的時候，適當的緊張感會讓你在生理上更加興奮，從傳播效果上來說更加分。然而，一旦緊張會影響到你的演講表現，那就需要克服緊張情緒了。

02

準備演說腹稿的四個步驟

職場上大家都特別羨慕一張嘴說話，邏輯清楚、表達流暢、言之有物的人。其實不論是誰，說話之前，如果不經大腦思考一下，都難以說得那麼有條理和清楚。即興發言之前到底需要做哪些準備，才能做到張嘴就說，而且表達流暢呢？這其中最好的辦法就是「打腹稿」，打好腹稿是即興發言之前最必要的準備。

什麼是打腹稿？打腹稿是指在心裡將要說的內容做一個梳理，建立說話的邏輯結構。這個腹稿依個人的情況而定，既可以是提綱，也可以是具體的文本內容。

就拿外景記者在新聞現場做連線報導來說，表面上看，記者都是張嘴就來，但其實私下都是要做好準備的。在時間充裕的情況下，記者會打一個比較具體的腹稿。比如，關於一起交通事故中車主闖紅燈的新聞，第一句怎麼說，第二句怎麼說，在說之前都需要打腹稿。

如果沒有經過專業的練習，想快速地在心裡或是腦中梳理要說的話，對於很多人來說是有難度的，我們需要從最基礎的練習開始。所以想要打好腹稿，先得從紙上的提綱練習說起。因為只有把紙上的提綱寫好，才能在沒有紙和筆的情況下，僅僅依靠頭腦建立提綱。

關於如何打好腹稿，以下有具體的操作四步驟：

第一步：用一句話概述

前幾天我在指導研究生寫新聞評論時，我提供他們一份新聞素材，並要求他們寫一個評論的提綱。這篇評論的要求是三百字，可他們交上來的提綱就有一五〇字。我想告訴大家的是，無論是新聞評論還是提綱，最基本的要求就是「儘量用最少的字對自己的觀點進行最大的概括」。

一句話概括法最好是一個判斷句。比如面試之前你需要做自我介紹，你可以從三個角度來介紹自己：「第一，工作能力全面，業務熟練紮實；第二，具備合作精神，團隊合作較多；第三，積極主動地進行自我能力的提升。」上面這三句話就是一個不錯的腹稿。第一點側重於工作能力，第二點是團隊合作，第三點強調自我提升。

為什麼如此強調一句話概括法呢？因為打腹稿的目的是為了表達的更順利，有稿可依。因此一篇好的腹稿，最重要的是簡單好記，做到言簡意賅。一句話概括法方便產出內容、撰寫提綱，更方便用於打腹稿。學會了一句話概括法，你列出來的提綱才會自然形成邏輯脈絡。

紙上的提綱你會寫了，打腹稿這件事就完成了，只是一個落在紙上，一個落在心裡罷了。

第二步：重複疊加，幫助記憶

打腹稿的困難點是在沒有紙和筆的情況下，全部憑藉記憶力，在腦中把一個實實在在的提綱或者是文本內容草擬出來，同時還要應對時不時出現的新想法，對想好的內容隨時進行修改。在腦海裡進行一項塗塗改改的運動，不是一件簡單的事情。很多人在腦中打腹稿只能列出三條，假如要修改一下中間的某條內容，就很容易在講話時想不起來其他條。因為新修改的內容印象深，而之前想好的內容就很容易忘記。如何避免這種情況發生呢？你可以使用「重複疊加法」。

繼續拿剛才的自我介紹的腹稿來說：「第一，工作能力全面，業務熟練紮實；第二，具備合作精神，團隊合作較多；第三，積極主動地進行自我能力的提升。」

如果你想對第一點和第二點進行修改，第三點原封不動，在修改腹稿時，你需要這麼做：先改好第一點，將修改後的內容在心裡逐字默念，不斷加深記憶。然後修改第二點。修改好後，先念第一點的內容，緊跟著默念第二點的內容，同時還要儘快地把第三點順著說出來，如此一來，新想法和老主張都會「鑲嵌」到你的頭腦中。

其實，重複疊加法就是通過重複與銜接不斷加深記憶的方法，最終達到在腦海裡打腹稿、修改腹稿及整理腹稿的目的。

第三步：表達時要靈活銜接

腹稿打起來不容易，運用起來也不容易。想即興表達時有稿可依，還需要使用靈活銜接法。雖然稿子是在大腦裡打出來的，但說出來時要靈活一些。

中國央視節目主持人白岩松曾經告誡年輕的記者，做現場報導的時候不要背稿子。直播時由於緊張或者是其他原因，你忘了其中一句話，雖然你的嘴巴往下說，可是你的眼神一定會出賣你。你的眼神會明顯地告訴觀眾，你在想剛才的第二點應該是什麼。機械的背出事前準備的內容去做報導，一定會減弱表達的內容和靈活性。

即興發言最大的障礙，就是突然出現的不確定性因素。很多人在職場上遇到即興發言，常遇到說著說著就難以為繼的情況。出現這一問題的原因比較複雜，但是解決問題的基本原則倒是容易總結。因為大多數人遇到這種情況的時候，都是努力地回想自己之前打的腹稿是什麼，但越著急就越想不起來。這時最好的辦法，其實是放棄之前打好的腹稿，另起爐灶開始說。

那麼，另起爐灶要說什麼呢？我的建議是，想起哪條說哪條，無需按照之前的順序說。比如你原本從第一條開始說，但如果說到第三條的時候想不起來了，那就直接講第四條。這時候只需要在銜接第四條的時候，做好表達的承接就好了。

比如在做自我介紹時，你說完「工作能力」之後，想不起接下來要說什麼了，只想起了「團隊合作意識」，那就可以直接說協作意識這條。「說完了我的工作能力，接下來說一下我的團隊合作意識。」你看，這麼說不是也行嗎？誰會知道你的第三條想不起來了，你是跳到第四條的呢！如果什麼都想不起來，就把之前說過的第一條和第二條總結一下。也就是說，即使打了腹稿，也不能墨守成規。

一時間腦子打結了，調動說話的順序還好處理，最頭疼的是一緊張什麼都忘了。如果所有打好的腹稿一時間都想不起來了，怎麼辦？我們如何面對這一尷尬情境呢？

其實，坦誠地說出自己有點緊張，也是無傷大雅的。靈活使用，是將腹稿付諸實行的時候必須遵守的第一原則，否則你就是畫地自限了。

第四步：總結與對比

每一次用打好的腹稿即興表達之後，別忘了最後的覆盤環節，也就是對比總結法，即自己表達的內容一說完，趁熱打鐵，馬上用書面的形式把它記錄下來。

這麼做的目的是讓你回憶自己在即興發言的時候，知道哪些內容是基於之前打好的腹稿而說，哪些內容又是即興說出來的，進而瞭解自己為什麼會即興說出這些話來。

總而言之，腹稿是一個有核無形的存在，展現的是一個人的「心理素質」和「腦力」，對於個人表達的事前準備能力要求比較高，在學習和使用時更是一個循序漸進的過程。

03 常常講太快、講錯話，怎麼辦？

即興發言時，每個人出現的問題各有不同。

我的一個學生在公司做中階主管，他是個急性子，腦子快，嘴巴更快，跟下屬開會的時候，常常由於說話不經腦子，在工作上給自己帶來很多麻煩。他的下屬對他的「出言不遜」很不滿，找到高層主管反映情況。為此，這位學生找上我，經過一番對話，我發現他說話時最大的問題就是詞不達意，一急起來，想到什麼就說什麼，言語直接，容易讓人產生誤解。我把我們的談話錄了音，十分鐘之後播給他聽。不聽不知道，一聽嚇一跳，其中有三、四處他都必須請我暫停播放，進一步跟我解釋他的真正本意。

「他那個人說話不經大腦。」——生活中，經常會聽到有人這麼說，指的就是一個人在說話的時候，沒有過濾資訊就把話說出去了，輕則得罪人，重則引發糾紛，也是人們常說的「禍從口出」。那麼該如何避免因為詞不達意，造成禍從口出的問題呢？

首先，我們需要瞭解資訊的自我過濾機制。什麼是資訊的自我過濾呢？過濾，即透過某個裝置將流動的液體進行提純和淨化。就像說話的時候，我們也需要對大腦中的資訊進行過濾。過濾得不好，你就容易說錯話；過濾得好，你表達起來則會更加精準。由於完成資訊過濾的行為只能是說話者自己，所以這就是「資訊的自我過濾」。

如何才能做好資訊的自我過濾呢？

第一步：先想後說

人人都知道先想後說很重要，但很多時候我們卻做不到。比如你拿著手機滑IG，看得正起勁，你媽喊你洗手吃晚飯了，這時候你一定嘴上答應著「來了，知道了！」，手機卻沒有放下來。你的這幾聲答應就是沒經過大腦就說出來的話。

你之所以不經過大腦說話，一方面是你的注意力被佔用，分身乏術，一方面是缺乏對資訊進行自我過濾的意識。一個說話嚴謹的人，在說第一句話的時候，已經想好了第二句和第三句的內容。他們說話時語速不會很快，但會不停地去思考接下來說話的內容。

對於沒有經驗的人來說，一下子進入「先想後說」的表達狀態有點難。所以一開始練習的時候，可以先把語速降下來，想一句說一句，不要怕講得慢，通過不斷練習，就會養成說話過腦的習慣。

第二步：確保說話的品質

即興發言難就難在不只講究說什麼，更重要的是要知道如何不踩雷、不說錯話，也就是要確保說話的話語品質。話語品質包含一個人說話時用詞、表達、語氣的準確程度等。

要想做到用詞準確，的確很難，因為中文的近義詞、同義詞實在是太多了。每個人因受教育程度不同，大腦裡儲備的詞彙量各不相同，對於字詞的理解也多多少少會存在差異，這也是很正常的。這些差異最終都會影響到我們即興發言的水準和能力。如果用錯語詞，表達的基本意思一定會變形。所以，要想提升話語品質，重點要放在詞語的積累和使用上。

除了用詞準確之外，話語品質還有很重要的一點就是要表達精準。每個人都有自己的說話習慣，有的人喜歡說長句，有的人喜歡說短句；有的人喜歡講話文謅謅，有的人喜歡說大白話，還有的人說話時有自己的口頭禪。但無論怎麼說，都要注意確保表達的精準度。

第三步：區分「大我」和「小我」

我們在說話時會被兩個角色主導，一個是「大我」，一個是「小我」。比如老闆開會時提到，目前公司需要加強人員的進一步管理，打卡系統需要升級。作為部門主任，你公開表態時會說升級打卡系統，這是很好的點子，這是「大我」，可私下裡，你是很討厭打卡的，這是「小我」。在職場上，每個人都會有「大我」和「小我」兩個分裂角色存在，「大我」負責外部展現，「小我」負責內部審查。「小我」可以自由發揮，但在表達時，需要展現「大我」，所以需要過濾掉「小我」中不恰當的部分。例如公司開會，你被老闆要求就新產品的宣傳推廣計畫發表意見，你心裡對這個計畫並不是很滿意，但是一開始就潑冷水，顯然也是不適當的舉動。

在這個過程當中，「小我」的心理活動是通過察言觀色，警告「大我」，要求「大我」改變說話策略。如果按照小我的真實想法，一定會得罪人的，你此時必須改變策略，確保話語說出來讓人舒服。

即興發言時，「大我」和「小我」需要相互照顧，「大我」負責符合社會身份的表達，「小我」需要做好祕書工作。「小我」在資訊過濾的過程中具有多種作用，包括詞彙的選擇、考慮詞彙的情感色彩等。除此之外，還有同義詞、近義詞的使用，語意表達的精準與否等。

只有做好了資訊的自我過濾，你說出來的話才能更讓人信服，做到「說話精準」的地步。

04

臺上的危機處理——暖場和救場

很多公司都會有團康活動或是部門聚會，為了活躍氣氛，活動中也會安排玩遊戲，或者邀請同事上臺展示才藝。這時候你可能會發現，一位平時不顯山不露水的同事，竟然是一匹黑馬，讓人眼前一亮。而自己從小到大沒學過鋼琴、舞蹈、音樂等才藝，也沒什麼特殊才能。這種情況下，如果被老闆臨時叫上去暖場，該怎麼做呢？

有效暖場的策略

學會幽默救場，是職場人必備的一項技能。而要掌握這項技能，核心概念就是「借力使力」，下面有三種方法可參考。

◆動態提問互動

暖場策略中最有效的方法就是互動。像團康活動和部門聚會這類，最重要的是炒熱場子，提高現場觀眾的參與意願，讓觀眾與主持人有更多互動，營造出活躍的活動氛圍。互動過程中，參與的人數越多，互動的範圍就會越大，效果也就會更明顯。

如何才能最大限度地提高互動效果呢？最簡單的方法就是向觀眾提問。提問互動很簡單，事先設計好一些問題，然後向現場的觀眾進行提問。那「動態提問」又是什麼意思？動態提問是指在完成互動任務的同時，讓參與互動的觀眾不僅能動嘴，還能動手動腳，一句話就是——全身動起來。

比如我的學生曾主持過一場知名主持人白岩松的演講，他用動態提問設計了一個很新穎的暖場環節。在活動正式開始之前，他先讓現場所有聽眾站起來，接下來他開始提問，一共是十個問題，知道答案的聽眾繼續站著，不知道答案的聽眾就坐下。提問到最後一個問題的時候，全場站著的只剩一位女性聽眾了。最後一個問題是「白岩松的生日是哪一天？」此時，全場觀眾都把注意力集中到那位站著的女性聽眾身上，當她說出答案的時候，活動主持人大聲宣佈：「她答對了！」一下子氣氛被炒到最高點，全場聽眾非常開心，因為所有的希望都寄託在她一個人身上，她果然不負眾望。

你可以利用動態提問法，在暖場的時候，一邊提問，一邊讓全場聽眾起立或做其他別的動作，讓觀眾更多地參與其中。當然，互動的方式有很多，除了邀請全場聽眾參與之外，還可以讓某部門、某區域的人參與等，只要靈活多變地使用這種方法，你就能輕鬆活躍現場的氣氛。

◆召喚共同記憶，產生共鳴

暖場的關鍵就是「暖」，想要暖就要「燃」；要想做到燃，關鍵就是喚起集體的記憶和集體行為。

像是「如果感到幸福你就拍拍手」這首歌，就是個很能喚起大多數人記憶的歌，你可以設計一些能夠喚起大家共同記憶的內容，比如唱經典歌曲或者童年常見的遊戲等，總之就是要保證人人都能參與進來，歌詞要簡單容易記，動作要簡單容易學。

也就是說，假如你參加的是高中或大學的同學會，暖場的最佳選擇就是大聲唱出陪伴你們那段歲月的流行歌，快速喚起大家的青春記憶。

◆運用相聲技巧

我看過很多節目的錄製，也參與過很多團隊的活動，見過資深導演暖場，看過實習生去暖場，也見過大牌主持人親自來暖場的。見識過各式各樣的暖場後，我發現要想做好暖場，說話的時候要採用「捧、逗、撐、謝」[2]的表達策略。

先說「捧」。一上場就稱讚今天到場的觀眾素質高，男的帥、女的美。取悅觀眾是很多人常用的一種策略。

「逗」就是把陌生人逗樂，而透過自嘲的方式把其他人逗樂，是很多人經常採用的暖場方法。

「揶」指的是用幽默的方式反擊或回應，是主持人暖場時經常使用的方法。但是要注意一點，如果是在職場上，你「揶」的那個對象最好是你們平時關係比較好，或者大家都拿他當「開心果」，開得起玩笑的同事。如果「揶」錯了人，結果就會很尷尬。

「謝」就是感謝到場觀眾的全力配合。

要運用以上四步的表達策略來暖場，你需要透過向在場的人求助來完成互動，達到「點燃」全場的目的。由於這種遊戲的方式帶有一定的娛樂性，觀眾的好奇心會被點燃，躍躍欲試的人也變多，現場的氣氛一下子就輕鬆起來。

有時候，一個人在臺上想要把場子暖起來有點難，因為「獨角戲」不好唱，這時候你不要讓自己一個人在臺上孤立無援。你可以主動找一位擅長社交的人來幫忙，無論是央求也好，智取也罷，總之要避免自己陷入困境。

2 源於相聲術語，用來描述相聲表演中，兩個演員的角色分工及其作用。

如何幽默地說話

除了用互動來炒熱現場的氣氛，在表達上，如果你能加入適當的幽默元素，即使不唱歌、不跳舞，也可以讓大家眼前一亮。在現代職場上，一些嶄新的工作方式和交流方式向我們提出了新課題。如果你能展現出幽默感，就能讓自己在職場上更受歡迎。那要如何在平時培養自己的幽默感呢？下面介紹一些基本方法。

◆培養幽默意識

一個人的幽默能力確實是天生的，但這並不等於說後天學習沒有用。培養幽默意識最有效的方法就是親自體驗和嘗試。現在很多城市都有脫口秀俱樂部和 Open Mic（指「開放麥克風」，單口喜劇表演的一種形式），如果你所在的城市有這樣的地方，一定要親自體驗和感受一下。你可以先去聽一聽，然後鼓起勇氣上臺去說，當然，上臺說之前需要準備和練習，可以先從簡短的一分鐘表演開始。如果你能通過這樣的練習讓陌生人發笑，就可以有效地提升自己的幽默表達能力。

還有一種培養幽默的方式，是看影片彈幕。很多有趣的迷因哏、網路熱搜詞或段子，大多來自於網友發的彈幕。想要練習幽默的講話方式，首先手裡得有素材，積累一些當下最受歡迎的哏和段子作為「材料」，你就能幽默救場。

◆在社交平臺收集素材

除了體驗脫口秀、看彈幕找段子之外，現在很多社交平臺也是流行語的聚集地，還有搞笑短影片，都可以讓你快速獲得有效的幽默素材。幽默表達不僅僅是口頭上的說話，還包括幽默的動作，這些都可以發揮娛樂的效果。瞭解和使用最新的流行語，想要幽默救場才會有計可施。

◆向周遭人表演練習

最好的預演時機就是和公司同事一起吃午飯的時候，大家邊吃邊聊，氣氛相對輕鬆一些。你可以選擇在這個時候「小試牛刀」。你可以從在影片彈幕中學到的哏開始，即興表演一分鐘的脫口秀。然而，不要太在意時間的長短，只要能把大家逗樂，就達到目的了。

05

做好臨時彙報，把握每個表現的機會

即興發言的場景各有不同，除了例會時臨時被叫上去發言之外，還有一種情況讓很多職場人士心驚膽戰，那就是跟老闆彙報，特別是臨時被抓住彙報工作。本來即興發言就已經讓人很緊張了，再加上面對老闆，你肯定會感覺壓力很大，生怕自己說不好，給老闆留下不好的印象。那麼，這種情況應該怎麼辦呢？

想要在臨時彙報時表現出彩，可以利用以下三個策略。

策略一：明確彙報主題

對於老闆來說，他對公司各部門未必瞭解的很全面。一家企業的發展有很多層面，比如公司策略、新品開發、人事變動等，所以老闆需要瞭解的內容也是多方面的。如果老闆臨時起意，希望你花幾分鐘的時間介紹一下，你就需要在明確彙報主題的情況下來完成彙報工作。沒有彙報主題的工作彙報，相當於一艘在大海裡航行時沒有目的地的輪船一樣。

在發言前，你需要先明確發言的主題，這會方便你快速地在腦海裡搜尋與主題相關的資訊，做好打腹稿的工作。對於聆聽彙報的老闆來說，一開始就知道你要說的主題，聽起來也更容易有「獲得感」。

比如，你要向老闆介紹一下你們市場部的新活動，一開始就可以這麼說：「各位好，我是市場策劃部的張小虎，歡迎各位主管蒞臨我們部門。今天由我來給各位介紹一下我們市場部的『春耕親子遊活動』。從這個新產品切入，介紹一下二〇二〇年我們新產品的營運思路和產品模式。」

策略二：自問自答

接下來進入到臨時彙報的主體內容了。彙報工作想要有特色，讓老闆耐心且感興趣地聽下去，抓住老闆的注意力是關鍵。那麼，如何說話才能讓老闆把注意力都放在你身上呢？自問自答是一個好辦法。

一般人在彙報工作的時候，主要採用的是陳述性的表達方法。通常這麼說：

「各位老闆，我來介紹一下目前新產品的開發方向以及本年度新品的行銷策略。先說新品的開發方向，我們主要根據一個核心、兩個方式來進行，一個核心就是……兩個方式就是……」

你聽著聽著是不是都要睡著了？彙報工作最怕的就是內容雖有料，表達卻顯得很沉悶。如果換成自問自答的方法，在內容飽滿的同時，一下子會讓彙報氣氛呈現截然不同的效果。比如，你可以這樣說：

「說起我們部門今年的新產品，想先問問大家，今天早上出門您抬頭看到了什麼？對，柳樹開始發芽了，春天來了。那麼，我們的產品在這樣萬物復甦的季節，怎樣迎接自己的春天呢？事實上，我們根據目前最新的市場調查發現，在室內的親子活動比較多，所以我們這次提出的企畫概念是『春天的樣子，我來體會』。怎麼讓小朋友感受到春天呢？我們的做法是……」

你發現了嗎？多加了三個問句，這段介紹聽上去就生動、有趣多了。為什麼自問自答可以產生這樣的神奇效果呢？因為這種方法會讓聽眾有代入感。做彙報的你，通過拋出一個個提問，就能把在場主管們的注意力集中起來，然後引導他們一起去思考，借助生活體驗，從而產生共感氣場。

策略三：結尾處打「強心劑」

俗話說：「行百里者半於九十。」臨時彙報的結尾也至關重要。因為能不能給老闆留下深刻印象，就在這最後的三十秒。大多數人會用口號式的結尾，把公司的理念、新年目標等帶有鼓動性的內容高呼出來。這種方法有其可取之處，畢竟在職場上除了彙報工作內容之外，還要向老闆展示「全力以赴」的幹勁，所以使用口號式的結尾也是參考方法之一。但是，喊口號需要注意的部分有很多，比如前面的陳述要做好鋪陳、用詞要簡練又有力量等，否則就難以給人留下深刻的印象。

那使用什麼樣的結尾才可以給老闆留下深刻印象呢？我們知道能夠觸動人性情感的結尾，才是最妙的做法。公司追求的是利益，但是沒有人心，利益的獲取就缺少了靈魂。想要公司的員工有歸屬感，人情味是關鍵。所以最後可以用你自己的經歷或者感受來做結尾，既可以凸顯你的存在感，又可以體現公司的人文氣息與歸屬感。

我的師姐李小萌在《人物》雜誌「二〇一八年度面孔·女性力量盛典」的演講結尾，就使用了這樣的策略。

> 我第一次感覺到來自自己的安慰，一個真正觸及靈魂的安慰。打拼這一年，我發現對於女性來講，相對於經濟的獨立，更重要的是內心的獨立。安慰

不是祈求其他人給你的，而是給自己的。而這種成長是從哪來的？我仍然要感謝母親這個角色。在這七年當中，我一直在想我如何做一個好的母親，如何接近母愛的本質，如何成為我女兒的容器。沒想到母愛反過來關照了我自己，我也成為自己的容器。

這段話是不是給人很強的內心震撼？這種收尾的方式給人的感覺是真誠且炙熱的。

其他彙報小技巧

關於臨時彙報，還有幾點需要提醒你：

◆以老闆的講話來收尾

除了完成你的工作彙報之外，你還需要拋磚引玉，把老闆請上臺來講兩句才是關鍵，千萬要記住，請老闆對你的彙報或者是對公司提出一些建議。等老闆講完話後，你的彙報才真正結束。

◆彙報必須有時間限制

在做彙報之前，對於自己的講話需要花費多長時間，你需要明示，這樣可以讓在場的人心中有數。比如你說要做八分鐘的工作彙報，開頭和結尾各用一分鐘，中間的六分鐘就可以分為三個部分，每一部分講兩分鐘。先把時間劃分好，再按照語速和字數把適當的內容塞進去，一個有邏輯、有思路、有內容的工作彙報就構思完成了。

◆在彙報中穿插一些公司小事

如果臨時彙報中的內容都是跟工作有關，聽上去就會顯得有點枯燥。這種面對面的彙報是最直接的人際溝通方式，想要人際溝通的效果更好，只講工作的內容是遠遠不夠的，你還需要加入一些軟性的內容，比如工作中的趣事、同事之間的勵志故事等，這些都是非常好的軟性題材。這些內容會讓聽者在接受核心資訊的同時，滿足自己的情感需求，從而對你的彙報印象更加深刻。

這些軟性題材的來源也是讓你加深對同事的瞭解的契機，主動去發現他們身上有哪些值得你借鑑和學習的優點，不僅能幫助你不斷提升自我，對你的職場人際關係也會大有益處。

◆日常工作勤記錄

關於臨時彙報，很多人認為這是偶發事件，自己遇到的可能性不大。但我想說的是，「機會永遠是留給有準備的人」。一次臨時彙報，不僅是彙報，還是你個人能力展示的舞臺，因為這幾分鐘時間就屬於你一個人，全場的注意力都在你這裡，是完整展現你工作能力的大好機會。

所以，平時要留心部門工作，不要把注意力只放在自己身上，還要關心部門乃至整個公司的日常工作，隨時隨地做一些備忘錄，把那些值得關注的人、情、事全記錄下來，在年終總結的時候，就能成為很有用的表達題材。

06 打造人人都想轉發的金句法

好的表達都可以用一句話來概括。你在聽完演講或者是一場彙報，走出會場與他人分享的時候，一定會複述那句讓你印象最深刻的話。從專業角度來說，這就叫「金句」，也就是「醒耳之句」。

主講人在創作表達內容的時候，有意設置金句的目的只有一個，就是為了觸及聽眾的內心深處、直抵靈魂，讓人記憶深刻。

美劇《冰與火之歌：權力遊戲》（*Game of Thrones*）中有一場特別重要的戲，劇裡有一個名為提利昂．蘭尼斯特（Tyrion Lannister）的侏儒，由於他背負著謀殺國王的罪名而被起訴。在法庭上，他發表了一段自辯宣言，也是一段熱血沸騰的個人演講。這段演講使得這個人物的形象從此得以鮮明地確立起來。

當天，被宣判罪名後，他說：「是的，父親，我有罪。你們不就是想聽這句嗎？我有罪。我的罪就是生為侏儒，我的一生就是一場對侏儒的審判。我沒有毒殺國王，但我希望是我幹的。我真希望我就是你們想像中的那頭怪獸。」

這段演講中最重要的一句是「我的罪就是生為侏儒，我的一生就是一場對侏儒的審判」。因為先天的缺陷，他生來就遭受歧視，這種歧視在他的演講中成為最耀眼的句子。雖然他是個頭矮小的侏儒，但是他的氣場卻無比強大。

一篇演講中如果沒有醒耳之句，就像生命無光一樣可怕。那麼，醒耳之句該怎麼寫？放在哪裡比較合適？一篇演講中需要多少醒耳之句，它們之間是一種怎樣的關係？如何把醒耳之句的作用發揮到最大呢？讓我來一一解答。

先說一下醒耳之句的創作方法。

主題法：用一個詞凝聚主題

一篇演講也好，一段講話也罷，最好有一個題目，這是吸引聽眾最直接、最有效的方法，所以為自己的演講和講話起一個好題目，是值得我們好好琢磨的。

最近我的學生正在上演講課，我給他一個演講題目：「謝謝你，讓我知道……」，學生可以根據自己的講稿的內容，將主題添加進去。

有一位同學寫的是自己的鋼琴老師。透過跟鋼琴老師學習，她第一次觸及到了音樂之美。她為這篇演講起的題目是「謝謝你，讓我知道了什麼是真正的熱愛」，但是我在她的演講稿中並沒有看到多少次「熱愛」，反而提的更多的是「心動一刻」，後來我就建議她將標題修改成「謝謝你，讓我知道了什麼是心動一刻」。

主題詞是你演講的靈魂所在。當你定好了這個主題詞，聽眾就會在你的引導下，帶著這些疑問去認真聆聽你的表達。

暗示法：善用比喻，製造爆點

除了把主題明明白白地點出來，透過暗示法製造醒耳之句也是一個好方法。不過要注意的是，用暗示法製造出來的金句，它的作用不是服務全篇，主要是服務於某一段落的寓意。

想要聽眾能接到你的暗示，你還需要點小設計，就是前後句上的邏輯要環環相扣，讓聽的人才會被點醒。

我的師姐李小萌在《人物》雜誌「二〇一八年度面孔・女性力量盛典」的演講中，在幾處段落採用了暗示法，並加入金句。

從央視辭職之後，李小萌在家帶女兒，她說：

「我去幼稚園接我女兒，我在一邊無聊地滑著手機，而旁邊顯然是一位職場媽媽，她在用筆電迅速地處理工作。其實這是一個很普遍的畫面，可是它在我的腦海裡停留的時間之久，顯得有點不合常理。在那一刻我發現，原來看著別人工作的我，就像是嘴饞地看著櫥窗裡冰淇淋的小孩。」

接下來她介紹自己找工作的經歷，這些經歷讓她有了新的體悟，她說：

「找工作的過程，大概持續了三個月。在一百天的時間裡，我就是這麼折騰自己，後來我想著再這麼折騰下去，我那個櫥窗裡的冰淇淋就該化了。」

聽到這裡，你是不是發現了什麼？

之前李小萌想要找工作的時候，提到「一個嘴饞地看著櫥窗裡冰淇淋的小孩」，當折騰一番沒有著落的時候，她又說「再這麼折騰下去，我那個櫥窗裡的冰淇淋就該化了」。在這段演講中，冰淇淋的寓意是暗示著她想重新復出的決心，這樣的手法既符合主講人的內心世界，又可以讓聽眾享受到文學之美。

點題法：直抵人心深處

透過點題製造出來的金句，是演講中經常使用到的手法，其創作要領很值得分享。通常來說，金句不會超過二十個字。因為字數一旦多了，金句的邏輯表達就會出現多個層級，傳播力道就會變弱。有傳染力的金句必須朗朗上口，並提出一個新啟示、新思考及新動力。

想要寫出朗朗上口的金句，平時就要多累積，並且多練習寫作。那麼，如何在朗朗上口的基礎上再提升一些，達到引人深思的效果呢？

你的金句需要滿足以下三個要求：

◆抓住社會的普遍焦慮

同一個例子，李小萌在《人物》雜誌「二〇一八年度面孔·女性力量盛典」的演講，主要談及的是孩子教育過程中出現的「喪偶式育兒」家庭。她提出了一個公式：「中國的家庭＝缺席的爸爸＋焦慮的媽媽＋失控的孩子」。

透過自己目前所做的這些事情，她把「缺席」、「焦慮」、「失控」三個形容詞隱去。最後她是這麼收尾的：「在新的一年甚至更長的時間，讓我們一起來重新定義中國家庭的關係。我相信預測未來最好的方法，就是去創造它。」

最後一句「預測未來最好的方法，就是去創造它」，是全篇演講的點睛之句，也就是最重要的金句。她復出的強烈願望、她所追求的事業和個人的社會價值，都在最後一句話裡體現出來了，並回應了當下社會的焦慮情緒。這也就是她所宣導的，消除焦慮最好的辦法就是「去做事」，在做的過程中去調整自己，而不是站在那裡徘徊猶豫。

◆具備直抵心靈深處的作用

金句之所以跟其他句子不一樣，它被創作出來的目的就是為了讓人們都能有所觸動。所以，金句最重要的作用是「直抵心靈深處」。

我的學生在一篇演講中，提到自己的國中導師由於種種原因，最終結束了自己的教學生涯。受到這位老師影響，他努力學習，最終戰勝了自己身上的惰性。可是面對老師的離開，他沒有能力挽回這個局面。

在演講的最後，他是這麼說的：「我有一種深深的無力感，那種無力感是一個人與所有人惰性的抗爭，同安於現狀的一切的抗爭。」這段主講人對於無力感的傾訴，讓人瞬間感受到了無助與迷茫，正是因為這句話直抵心靈深處，才能引發共鳴。

◆將共情發揮到極致

沒有什麼比訴諸情感的金句更讓人動容的了。演講的最高境界，是主講人的情感訴求得到聽眾的高度認可。

有篇演講的內容是說主講人的爺爺將一生奉獻給了建設偏遠山區的工作，退休後回到老家，每日生活也過的極富儀式感，不幸的是，老人家得了阿茲海默症。就在除夕夜，一家人開心地吃完年夜飯，回家的途中，爺爺突然連家都不認識了。主講人是他的孫女，一時間無法接受這個事實，所以在演講最後，她情難自抑地說道：「雖然爺爺有可能會忘記自己的年齡、忘記家人，甚至忘記自己剛剛吃了什麼，但是我相信，他是永遠愛我們的。」

這段演講結束，現場的觀眾聽完都淚流滿面。是的，疾病對於我們每一個個體的傷害是無法預測的，要想治癒，除了靈丹妙藥之外，還有一個東西最重要，那就是愛。

如何能獲得讓人印象深刻的金句呢？日常的積累是非常重要的。每天坐在電腦前硬想是想不出來的，充滿感染力的文字需要大量的閱讀以及寫作才能獲得，更重要的是，你需要加強對生活周遭的觀察與思考。

07 講完了，然後呢？

前面我曾多次強調，我們在練習表達時要把自己說話的過程錄製下來，通過重播看幾遍、聽幾遍。錄下來的目的就是為了自我覆盤，對於學習語言表達至關重要，能使你的表達能力獲得快速的提升。一旦掌握了，你將受益匪淺。

在職場表達的練習中，我們要怎麼去做自我覆盤呢？用手機將你的講話過程錄音或者錄影，以聽眾的身份從頭到尾聽完或看完，讀到這裡，你已經掌握了表達專業知識的基礎，對自己表達的內容進行全方位的檢查和判斷，同時結合聽眾（自己）的回饋，以文字的形式總結，這就是自我覆盤的過程。

在聽錄音或看錄影時，要檢查哪幾個方面呢？

內容的自我覆盤

這是自我覆盤中最關鍵的一步。以一倍速的時間把錄音和錄影都聽一遍、看一遍，甚至有些段落需要多次聆聽、反覆觀看，才能進行判斷和總結。

根據不同場景的表達，覆盤檢查的重點也是各有不同的。比如，利用簡報做演講時，自己是否把內容講解清楚了？簡報作為視覺化的表現手段，自己講解的內容與簡報上的內容是否具有對應關係？自己所講的內容是否過於艱澀，是否會有觀眾不容易理解的地方？簡報製作的效果，是否在會場上得到了完美呈現？

即興表達最容易出現的問題是詞不達意。詞用錯了，你所表達的意思也就完全不一樣了。所以，在自我覆盤時，也要學會幫自己挑錯。

語言技巧的自我覆盤

任何跟說話有關的總結，都離不開對表達技巧的分析，需要覆盤的內容包括聲音的高低、快慢、虛實、強弱等，這些都會影響到語言表達的效果。一個人的語言表達能力不同，最終呈現的效果也不一樣。

在所有的表達因素裡，最需要注意的是「語速」。語速對內容的干擾非常大，有的主講人說話太快，會讓觀眾跟不上節奏，進而放棄聽講，同時，也會讓主講人的心理節奏加快，進而產生緊張感。

除了語速之外，你還要檢查「語調」。表達時特別忌諱語調沒有起伏，讓人聽著想睡覺，自我複查的時候需要特別注意這點。

接下來是檢查「語氣和語態」。語氣和語態是兩個專業概念，簡單來說就是說話時的基調。說高興的事時，你的基調是喜悅的；說悲傷的事時，你的基調就應該是凝重的。比如，你的演講稿裡有提到故事或案例，你在講故事時就要講得生動有趣一些。

另外，還要注意「說話的節奏」。沒有節奏感的表達，會讓人聽起來不舒服。同樣，說話聲音的大小也要考慮觀眾的需求，要找到適中的音量。

肢體語言的自我覆盤

如果你需要在臺上進行演講，那你也需要檢查自己的肢體語言。我們每個人或多或少都會有一些習慣性動作，比如有些人一坐下來就蹺二郎腿，有的人走路駝背，還有的人想問題的時候會咬手指頭。做這些習慣性動作的時候，我們心理上會覺得比較放鬆、比較安全。但是，如果這些動作出現在演講中，就會顯得很不雅觀。如果不透過看影片的方式來複查，我們是很難察覺這些問題的。只有站在觀眾的角度審視自己，我們才有可能發現自己身上存在的問題。然後，總結問題之後，你需要做的是對著鏡子練習，直到滿意為止。

在肢體語言當中，必須特別注意的是「眼神」。在公開場合講話時，你需要把自己的內心情感通過眼神外化出來，才能夠通過眼神交流抓住觀眾的心，讓你的話語直抵他們的心中。

想要練習好眼神，首先需要留意自己產生強烈願望的時候。當你的內心有非常強烈的情感表達欲望時，你的眼神才會聚焦，才能感染觀眾。如果你在臺上說話時眼神游離或者眼神空洞，坐在下面的觀眾會清楚感覺到，也就容易走神。

創作脈絡的自我覆盤

在自我覆盤時，很多人會把注意力重點放在內容呈現的部分，而常常忽視前期準備對內容呈現的影響。就像拍攝電影一樣，前期的腳本創作對後期的電影製作有很大的影響，同樣，演講前期的創作稿件過程對演講的發揮也會產生影響，這些都需要在自我覆盤中總結出來。

覆盤創作思路時，既要思考前期的準備，也要回想觀眾的反應。自己表達得如何，來自觀眾的反應是最直接的。把自己在臺上看到和感受到的東西放進自我覆盤總結中，會對你今後的表達很有幫助。

自我覆盤的最後一步是對自己提問，通過提問找到需要改進的地方。從前期準備到呈現內容，再到觀眾的反應，最後以提問收尾，這才是一場完整的自我覆盤。

經過自我覆盤，有些問題你還是不明白的話，就把疑惑寫下來，等到練習的時候，再去尋找解決問題的方法，通過反覆練習最終將問題解決掉。

職場表達診療室4

Q1 宋老師，新的年度我被指派一個新職位，做就職演說的時候應該注意哪些點？如何在有限的三到五分鐘時間內傳遞更多的資訊呢？

A 在發表就職演說之前，你需要先列一個提綱，羅列一下你想要講的內容，比如你對這個職位的理解、你個人的優勢、你的團隊成員必須具備什麼樣的工作能力和精神，以及如何在大家的幫助下履行好這個職位的職責等等。

這裡最關鍵的是，你需要讓那些即將與你合作的人瞭解你的目標、你的訴求、你能為大家帶來什麼，以及你的團隊將為公司創造什麼成績等。

如果你發表演說的時間只有三到五分鐘，把你要說的內容按重要程度做一下排序，把最重要的事情排在前面說。因為一個人發言的開頭是最吸引注意力的部分，好的開頭從一開始就可以抓住觀眾的心。如果開頭說不好，觀眾的注意力就跑了，後面你準備得再好，觀眾也沒有心思聽。

你可以分解這三到五分鐘時間，提前規劃好每分鐘要講的內容。在每說一段內容之前，先擬一個小標題，讓觀眾知道你接下來要講的是哪方面的內容。

就職演說很重要的一點是要讓人回味無窮，如何達到這個目的呢？最後用你準備的金句總結，就能給觀眾留下深刻的印象。

Q2

宋老師，我是一名大學生，在一家新媒體公司實習，做的是產品運營和推廣的工作。我的工作是向周圍的人介紹我的產品，並讓他們註冊。他們總覺得我是在做傳銷，是不是我的介紹方法不對呢？我該怎麼說話，才能讓他們更認真和理性地對待我的表達內容呢？

A

現在很多應用程式上線以後，需要人工去做線下推廣，想必你現在的工作就是這樣的吧。在做推廣前，你需要思考這個問題：他們為什麼要用這款應用程式？你是否找到了用戶的使用痛點（用戶當前遇到的具體問題或困擾）？如果你只是想說服他們使用這個應用程式，卻沒有結合對方的需求來說，對方很可能不會被說服。所以，你需要瞭解每種使用者群體的特點，把每一個用戶的個人訴求與你的產品適當地結合起來，才有可能說服對方。

作為實習大學生，你需要在這份工作中提升的能力，是跟陌生人打交道的能力和根據對方的反應去調整自己說話內容的能力。

我在上大學的時候，打過一個短期工，就是在計程車上貼廣告，作為回報，會給計程車司機一點費用。當時我們就在想，怎麼才能讓計程車司機願意停下來並同意我們貼廣告上去呢？

一開始我們說：「司機大哥，你好，我們能在您車後貼一張廣告嗎？」話還沒說完，人家就走了，因為他知道我們不是來搭車的。後來我們改變了策略，當司機一停車，我們就立刻說：「司機大哥，我們給您五十元，我們貼張廣告。」我們先把給錢的資訊說出去，再說貼廣告。結果就真的不一樣了。

所以，實踐是檢驗真理的唯一標準。我們在實際工作中，只有不斷地去調整和琢磨，才能找到最好的辦法。

A Q3

如何高效地跟主管彙報工作？

這個問題雖然非常短，但是要回答的東西卻很多。這個提問當中有一個關鍵字叫「高效」。要做到高效，一個很重要的前提就是你手裡的材料（或者說你要彙報的資料）必須準備充足，你必須掌握所有彙報的內容的最新進展情況。

那麼，這些材料如何準備呢？我們上班時，經常需要做日報、週報和月報。這些日報、週報、月報寫完之後，可不要讓它們躺在你的電腦裡，你要讓它們變成對自己工作的進度表。每一項工作的進度、排程，都是你要向主管彙報的重點，而日報、週報和月報正好幫你做了很好的整理，所以你需要多多利用它們。當你對每項工作的進展了然於胸，向主管彙報時就不必發愁了。

做好準備後，接下來就是如何向主管彙報了。在向主管彙報工作時，也有一個需要特別注意的，那就是要講重點。想要做到高效，就要學會用關鍵字來彙報工作，將每一項工作要點用一個關鍵字總結，就可以引導主管根據關鍵字來理解你彙報的內容。如果你在彙報工作時語言組織混亂、表達不清楚、講不出重點來，你的主管肯定會覺得很煩。

當然，你還需要注意的一點是，在你彙報的專案中，你的主管最關注哪個專案，將主管最關注的項目進行排序，然後按順序進行彙報。最後做一個小總結，你可以說：「以上就是我手上各項目的處理進度，彙報完畢。」

當你彙報完後，主管可能會對你接下來的工作做一些指示，這時候，你需要拿出筆記本做記錄，要讓主管覺得你明確收到他的指示。如果主管的語速較快，難以逐字記下，你可以先記關鍵字，或者打開手機的錄音功能。在這裡提醒一下，有些主管對於錄音比較敏感，是否採用這個方法要視情況而定。

在彙報時，還有一個特別重要的前提：你要記住，語言只是一種工具，只有當你將工作做得足夠好時，好的表達方式才能為你的工作加分；反之，如果你的工作做得不到位，話說得再漂亮也無法讓你的主管滿意。

Q4

宋老師，您好！想向您請教一下，在向主管彙報工作的時候，明明自己已經想好了，但是在說的時候，總感覺說不到重點、廢話又多，結果就是沒有想像中表達得那麼好，我也不是因為太緊張表現失常，老師您說該怎麼辦，又如何練習呢？

彙報工作時，只有構思是遠遠不夠的，構思是僅僅局限於「想」的階段。從構思到表達，還欠缺一個行動的過程。如果沒有經歷這個過程，你就無法發現自己構思的內容是否有問題。所以，你只是帶著一個半成品去跟主管彙報，那怎麼會好呢？

在我們的群組裡有一位朋友，他有一次跟我講電話，我發現他整個表達過程很順暢，於是我說：「你今天跟我打電話時說的這個問題，比你上次和我描述時，表達的要好很多。」他說：「宋老師，是這樣的，我覺得您的時間寶貴，不敢太耽誤您的時間，所以今天在跟您通話之前，我先寫了一個小小的提綱，確保我今天在跟您說話的時候不跑題，也把我要說的事情完整地都說清楚了。」所以，一個人要想表達順暢，前提是什麼呢？那就是「做足準備工作，且反覆練習」。

因此，在向主管彙報工作之前，你不妨先做一個小提綱，然後按照你的構思說一遍，把它錄下來，看看自己哪些有說到、哪些沒說到。經過幾次練習，你就能表達得越來越好了。

我從事教育事業已經有十七年的時間了，我經常會跟很多部門、團隊有各種各樣的合作，我總結出來這樣一條經驗：剛開始的時候，任何合作一定要多花費一點時間來進行磨合。你會發現，前期磨合得越好，後期的合作就會越愉快，效率也會越來越高，這其實就是「慢等於快」的概念。所以，做任何事情，前期不要擔心麻煩，要多下一些笨功夫。好腦袋瓜永遠比不上爛筆頭，多練習就不會錯。

後記

感謝你與我一起完成了職場表達能力提升之旅，從現在開始，你就是一位可以在職場上侃侃而談的表達高手了。

當《如何成為職場表達高手》付費課程在音訊分享平臺「喜馬拉雅」上線之時，我就已經計畫將課程內容結集出版。為了該書的出版，我的至親好友張穎找到了兆民老師，經他介紹，我與亞丁老師初步取得聯繫，並有幸拜訪了時代華語出版社，與俞根勇先生一拍即合，才有了該書的問世。在此，對各位朋友表示衷心的感謝。

在此感謝「喜馬拉雅」的製作團隊在音訊內容生產中給予我的大力支持，感謝楊一驪、張甜、黃晴雪、陳恒達、志遠、蔡娟、陳宇琪等各位朋友。

感謝課程上線時各位好友以及我親愛的學生們的幫助，感謝水均益、崔永元、文靜、梁宏達、魯健、蘇揚、張春蔚、朱毅、李小萌、李艾、蝴蝶、尼格買提、馬思純、曹林、阿憶、水亦詩、馬凡舒、劉美麟等。沒有你們的幫助，我就無法順利推出這門課程。

感謝為本書出版付出努力的亞丁老師，感謝俞根勇老師。最後，感謝我的學生、合作夥伴王帥天，為音訊課程交流群的日常維護和〈職場表達診療室〉的問答內容所付出的努力。

二〇一九年冬於北京

翻轉學 翻轉學 143

讓任何人都聽你的高效說服力

掌握從聽到說的 33 條職場溝通守則，巧妙取得對話主導權

作　　　者　宋曉陽
封 面 設 計　張天薪
內 文 排 版　theBAND · 變設計— Ada
責 任 編 輯　洪尚鈴
行 銷 企 劃　蔡雨庭、黃安汝
出版一部總編輯　紀欣怡

出 版 發 行　采實文化事業股份有限公司
業 務 發 行　張世明 · 林踏欣 · 林坤蓉 · 王貞玉
國 際 版 權　劉靜茹
印 務 採 購　曾玉霞
會 計 行 政　李韶婉 · 許俽瑀 · 張婕莛
法 律 顧 問　第一國際法律事務所　余淑杏律師
電 子 信 箱　acme@acmebook.com.tw
采 實 官 網　www.acmebook.com.tw
采 實 臉 書　www.facebook.com/acmebook01

I S B N　978-626-349-891-4
定　　　價　380 元
初 版 一 刷　2025 年 2 月
劃 撥 帳 號　50148859
劃 撥 戶 名　采實文化事業股份有限公司
104 臺北市中山區南京東路二段 95 號 9 樓
電話：(02)2511-9798　傳真：(02)2571-3298

國家圖書館出版品預行編目資料

讓任何人都聽你的高效說服力：掌握從聽到說的 33 條職場溝通守則，巧妙取得對話主導權 / 宋曉陽作 . -- 初版 . -- 臺北市 : 采實文化事業股份有限公司 , 2025.02
面；　公分 . -- (翻轉學 ; 143)
ISBN 978-626-349-891-4(平裝)

1.CST: 傳播心理學　2.CST: 溝通技巧　3.CST: 說話藝術

177.1　113019073

本書繁體版由四川一覽文化傳播廣告有限公司代理，經北京時代華語國際傳媒股份有限公司授權出版。

《完美溝通》暫定更改書名為《讓任何人都聽你的高效說服力》，自 113 年 12 月 24 日起至 118 年 9 月 15 日止，文化部部版臺陸字第 113318 號。

采實出版集團
ACME PUBLISHING GROUP